# もくじ



JN118572

## サンスポ・性ノンフィクション大賞とは？

「性にまつわる生々しい体験を綴った未発表の手記」を対象として、２０００年にサンケイスポーツ主催で創設された。応募期間は毎年5月～9月。金賞１００万円・銀賞20万円・銅賞5万円・特別賞3万円、佳作2万円、また入選手記はサンケイスポーツ紙上に掲載される。選考委員は館淳一、睦月影郎、桑原茂一、サンケイスポーツ文化報道部長。

# 性の体験告白　ふたたびの性愛

# 密室ラプソディー

パート店員（東京都・四十二歳・女性）

三月の上旬、やさしい光の中で花が咲きほこり、空気もやっとぬるんできた。それなのに、ここは暑い。彼の荒い呼吸が狭い空間を埋めつくして息苦しい。彼の硬いモノがバックから、私の股間を突きまわしているからだ。

動きもままならないトイレの中で、私は服を着たままスカートをまくりあげた。パンティーだけ脱がされ、彼が私の腰をかかえている。

まだ充分に潤っていないのに無理。強引に入れられたら、ただ痛いだけ。それがイイときもあるけど、いまは違う。

胸をもまれながら、入口付近を肉棒で何度も擦られる。ときどきクリトリスに当たって、私は声をもらしてしまう。

私のあえぎ声に合わせるように、彼が侵入してきた。はざまをかき分け、ゆっくり

文庫ぎんが堂

〈サンスポ・性ノンフィクション大賞〉

# 性の体験告白

## ふたたびの性愛

サンケイスポーツ文化報道部　編

イースト・プレス

と私の中に存在を主張してくる。

この異物感が、私の官能の扉を開けていく。これからの快感を期待して、腰が勝手に動いてしまう。

潤いが増してスムーズに彼の肉棒が出入りし、その音がする。スピードもあがってきた。

もう少し、もう少しよ……。

私が快感の頂点を待っていると、彼が突然声をあげた。

「あれ……なんか、変……」

彼が肉棒を慌てて抜く。私は中途半端な快感のなかから現実に戻った。

「出そうだったけど、なんかさ、オシッコかもしれないって思った」

「トイレでなんか、したがるからよ」

私の中でオシッコをしたら大変だと、急いでペニスを抜いたらしい。

トイレでの、はじめてのセックス。だが、トイレはオシッコをする場所という意識が頭の中にあって、射精したくなったとたんに、出るのがどっちだかわからなくなったと彼は言う。

結果は勢いのない射精。便器の中に白濁の塊が浮いていた。

「全然、気持ちよくなかった。オシッコだと思って出しちゃった。損した気分だよ」

彼がブツブツ言う。私だって文句言いたいわ、途中下車させたくせに。

二週間くらい前、彼がデパートのトイレでセックスしてみたいと言い出した。その練習としてラブホテルで実験していたのだが、こうして失敗に終わった。

彼とは、いわゆる世間でいうダブル不倫の仲だ。つきあって、もう五年になる。いつもラブホテルでのおう瀬だ。別の場所で、という気持ちもわかる。

彼の名前は中井茂《なかいしげる》、出版関係の仕事で六十四歳、妻子あり。中肉中背で白髪だ。縁なし眼鏡の奥の目がかわいい。

私には病気で働かない夫と、中学一年生の息子がいる。名前はアキ、四十二歳。そろそろぜい肉がつきはじめた平均的な体形。スーパーのパートと事務仕事をかけ持ちして生活を支えている。

彼は私のショートカットの黒髪を撫でながら、Dカップの胸を吸うのが好きだ。お尻も撫でまわし、ウエストのくびれをほめてくれる。嘘でもうれしいものだ。

彼と出会ったのは五年前の春、若者の街、S駅だ。買い物をして、帰宅のため地下鉄に乗る。電車の入口に立ち、発車を待っているときだった。

電車の奥から押されて、私はホームとの隙間に落ちそうになった。片足が隙間に吸いこまれてバランスを崩したとたん、私は腕をつかまれた。

私は向かいに立つ男性の太い腕にすがって、隙間に落ちかかった体を引きあげた。

「ありがとうございます……」

私は彼の腕を放して、お礼を言った。

「膝から血が出てますよ。いったん、降りましょう」

彼が駆け寄ってきた駅員に事情を説明して、一緒に救護室へ向かった。手当てをしてもらい、改めて彼にお礼をと思った。

「かすり傷だけでよかったね。では、気をつけて帰ってください」

そう言うと、急ぎの用事があると行ってしまった。私はなにも言えずボーッとしていた。駅員に事故の報告書に署名を求められたが、そこには助けてくれた彼の名前、携帯番号もあったのでメモをした。

翌日の昼時、彼に電話をした。

「もしもし、きのう地下鉄で助けていただいたものですが、突然の電話、ごめんなさい」

「ああ、きのうの女性ね。どうしました」

「ちゃんと、お礼を言ってなかったので」

「わざわざ、どうも。別に、よかったのに」

「あのう、会ってちゃんとお礼を言いたいのですが」

「なんか照れくさいなあ」

そんな会話をして、その週の土曜日、S駅の「あの事故現場」で午後二時に待ち合わせすることになった。

電話でお礼を言うだけのはずが、私の中のなにかが騒いでいた。知らない男性と話すのが、久々だったからかもしれない。

彼の話しかたや容貌は、やさしく誠実そうだった。電車のホームで落ち合い、駅近くの喫茶店に入る。

「先日は、本当にありがとうございました。なんかボーッとしていて、ちゃんと言えませんでした。すみません」

「いえいえ、すてきな女性にまた会えてラッキーですよ。ははは」

「えっ」

「内心、お近づきになれたらいいな、なんて思っていました。急ぎの用事があって、心残りだったんですよ」

事故報告書から、彼の名前と電話番号を知ったことを伝える。

「あなたも……もしかして、気になったの？　そうだったら、光栄だな」

「…………」

「これもなにかの縁。よかったら今度、ランチでもしませんか。それが『お礼』ということで、いかが？」

「でも……」

彼は巧みだ。私が断れないようなことを言ってくる。見かけによらず、遊び人なのかもしれない。ハズレだったかな。

普通、女性を誘うなら、下心があるなら夜、お酒つきの食事でしょう。私だって何度も誘われたことがある。なのに彼はランチか。なぜだろう。信頼していいのかな。

あとでわかったのだが、彼はお酒がまったく飲めない。私も飲まないからいいけど。

ランチデートで、彼は恥ずかしそうに本音を話した。

「女性の友達が欲しいんだけど、酒を飲まないせいか、なかなか機会がなくてね」

「そうなんですか」

「心のうちをシラフで話すより、お酒を飲んでさらけ出すほうがお互い楽でしょ」

女性を交えて飲む機会もないので、彼はますます縁遠くなってしまったという。

「酒の勢いで、というのは意外に必要なのかもしれないね、男にも女にも」

彼が心を許せる女友達が欲しいという理由と同じように、私も男友達が欲しかった。私は生活に疲れていた。北国で育ち、二十歳で上京して就職。東京には友人が少ない。ママ友や近所の人には、うかつに悩みを話せない。信頼できて、話を聞いてくれる人が欲しかった。

彼はやさしい。信用できそうだ。

「また、会ってほしいんだけど。どう？」

私は「はい」と答えていた。さびしい心のうちから出てしまった返事だ。

次は翌週の木曜日、ランチではなく夕食だった。彼が大好きだという「こだわりのハンバーグ店」だ。お互いの話をして、ふたりの距離が縮まる。関係の発展に、夜の暗さがひと役買った。帰りぎわにそっと肩を抱かれ、キスされたのだ。

その日はそれだけだったが、つきあいはじめるのには充分な理由になった。

彼は妻から性交渉を拒否され、セックスレスが三年もつづいているという。私は仕事をふたつ持ち、一家の大黒柱だ。夫は病気だが、セックスだけは私を押し倒してでもする。私はストレスがたまっていた。

そんなふたりが男女の関係になるのはすぐだった。話をして、セックスをして、お互いに癒し合っている。

もう、五年か……。

彼のセックスはやさしかった。丁寧に前戯をして、私が潤うとゆっくり挿入し、徐々に激しくして絶頂へ導いてくれる。体位を変えて、私を三、四回けいれんさせてから一緒にイク。私がイクところを見るのが楽しみなのだそうだ。

交際二年目の頃、彼が大人のオモチャを使いはじめた。私も少し興味があったので拒否はしなかった。ローター、バイブ……はじめて見るものばかり。もちろん、使うのも。気持ちが乗っているときは、なにをされても感じる。

でも、単調な機械の動きはただ動いているだけと思うことがある。やっぱり、彼のモノがいい。彼の指がいい。彼は私の反応にとても敏感だ。やがてオモチャは脇役となり、いまはあまり使わない。バックから挿入しているとき、私にローターを持たせてクリを刺激させるくらいだ。

彼が今度はデパートのトイレでしてみたいと、リサーチをはじめた。いつも利用するラブホがある駅の近くの複数のデパートや大手スーパーの男子トイレをチェックし、そして調査結果を私に詳細に説明する。

この人、本気なんだ。私、どうしよう……。男子トイレ……。

もし、女子トイレで彼が発見されたら警察沙汰だ。男子トイレに私が入ったほうが言い訳できるという。

「私が変態みたいじゃない」

「そうじゃなくて、慌てて間違えたって言っても疑われないということ」

一階にトイレがある所は少ない。二階、地下一階は外から利用しに来る人が多数いる。食堂フロアは問題外、いつも男女ともに出入りが激しい。

女性服フロアは男性がヒマで用を足しに来る。贈答フロアも同じ。電化製品フロアは男性客が多い。食品フロアにはトイレがない所が多い。

彼は書籍か紳士服売場にねらいを定めたようだ。

最近は通路に監視カメラを設置してあることが多い。今度、私も同行して一緒に確認しようということになった。

改めて彼に、なぜデパートのトイレなのか聞いた。

それは私が忙しくて、なかなか時間が取れないことも一因のようだ。前は月二回くらいは四時間ほど一緒にいられた。

いまは二時間がやっと。それも月に一度だ。一時間くらいなら、いつでも都合はつくけど、それ以上は無理だった。

会う時間がだんだん少なくなっている。それで私と待ち合わせして、トイレで一発というわけだ。しかし、短時間でヤルだけで、気持ちもなにもない。それでは夫と同じではないか。

「会いたいというのはわかるけど、エッチだけが目的みたいでいやだな」

「なにか希望を持たないと、会いたい気持ちがおさまらないんだ。でも、確かにアキの気持ちを無視していた」

「私が原因ね。あなたと会いたいのは同じよ。ごめんね、時間が取れなくて」

とにかく一度だけ試してみるということで「トイレ作戦」は続行することになった。場所はふたりで下見をしてＳ駅から離れた老舗デパートの紳士服売場に決めた。あとは日時だけだ。

一度だけ悪いことをする……私の中でも高揚感がある。

とうとう私も変態の仲間入りかしら。不安も大きいけど、なんとか彼の希望をかなえてあげたい。私が原因なのだから。

下見のあと、大急ぎでラブホへ直行。ふたりとも高ぶっていた。部屋に入ると、彼が後ろから私を抱きしめる。服の上から乳房をもまれ、吐息がもれた。首すじにキスをされると、もうだめだ。アソコに蜜が滴るのがわかる。

「やさしくして……乱暴なのはイヤ……」

だが、彼は制御できない。私をベッドにうつぶせに倒すとスカートごと下着を脱がし、いきり勃《た》ったペニスを突き立ててきた。そして、それはすんなり入ってしまった。

「うっ、うっ、うっ」

「ああっ、締まる。スゴイよ。いつもよりスゴイ……」

私にその感じはわからないけれど、彼の反応がうれしい。彼のうめき声が遠くに去っていく。私の体は快楽の波にのまれた。ガクッ、ガクッと体が勝手にけいれんをくり返している。

夫は私を淫乱だと言う。ペニスを挿入するとアソコの中が締まりはじめ、少し動いただけで体を震わせて勝手にイッてしまう淫乱だと。

気持ちがよくなると、自然に体が反応してしまうのを淫乱というのなら、そうなのかもしれない。私はいま、その快楽の中にいた。

「アキちゃん、出る……」

腰のうねりがつづいている私から、彼が急いでペニスを抜く。熱い液体が背中に放出され、私の上に彼が重なる。その重さが、私の心を満たしてくれる。

荒い息のおさまった彼が、タオルで私の背中に放出した液体を拭き取る。あおむけになった私に、彼がキスをしてやさしく抱きしめてくれる。私はこの時間が好きだ。

これで充分なのに、トイレ作戦なんて必要なのかしら……。

前にトイレで挿入を試したとき、私の濡れ具合が問題だった。彼ががんばっても、痛くて入らなかった。

本番前にラブホで、もう一度リハーサルをする。

壁に手をついて彼を待つ。やはり無理だ。個室に奥行きがあり、さらに私の背があと十センチ高ければ、うまくいったかもしれない。

どうするか……。

彼が便器に座って、私が後ろ向きに腰をおろす。彼のモノを右手で握って入口にあてがう。ほんの少しの抵抗があり、スルッと入った。

「ああっ……」

いままでの行為がジラシになったのか、入っただけで脳内が白くなりかけた。そのとき、彼が私を立ちあがらせた。今度は彼のほうを向けと言う。

彼の膝の上にまたがって、突き勃ったモノに腰をおろす。手を添えなくてもニュルンと入ってしまった。

「ううっ……」

私は彼の首にしがみつき、腰を振っていた。彼は突きあげることもできず、腰かけたままだ。

うまく合体できたが、練習中に私が濡れてしまっては、本番の参考にはならない。

「入りはしたけどねぇ……もう一回しよう」

彼はトイレットペーパーで私のアソコを拭き、愛液にまみれた自分の亀頭も拭う。

「ちょっと、待って」

彼はベッドのほうへ戻った。帰ってきた彼の手にはコンドームがあった。

「座ったりして時間をかけすぎるとリスクが増えるから、立ったままやろう。これを着ければスムーズかも」

手早くバックから挿入するために、いつもは使わないコンドームを用意するという。

私の腰の位置が低いのも問題。そこでハイヒールを履くことにした。

玄関へ行き、ハイヒールを履いてトイレに戻る。壁に手をつき、お尻を突き出す。

ジェルの塗られたゴムをかぶった彼のモノが侵入してくる。

「ああっ、入ったわ……」

同時に、彼が激しく腰を使いはじめる。

「ううっ、うっ……」

いつもと感じが違う彼のモノ。それが膨張して、私の内壁をたたく。彼は私の腰をつかんだまま、荒い息を吐いている。そして、噴射がおさまったペニスを引き抜いた。

「ああん……」

私は中途半端で、壁に手をついたままだ。彼のモノだけが抜け、私の中にコンドームが残っている。彼がそれを引っぱり出す。生温い、形のないなにかが出ていく。

その中に白い液体を見て満足したのか、彼は私を残したままバスルームへ行ってしまった。私も気持ちはよかったが、フィット感が違うと思った。彼のモノの彫りが浅くなったような感じ。やっぱり、いつものナマのほうがいい。

彼がリサーチをくり返し、とうとうターゲットを定めた。駅から離れた老舗デパートの書籍売場だ。決行日の互いの行動をメールで打ち合わせた。

一緒にエスカレーターで、八階書籍売場まで行く。もう一度、監視カメラの有無を確認する。新しく設置されていないか。

当日の服装、彼はまじめなビジネスマンふう。私は裾をまくりあげやすいスカートにハイヒール。八階へ行く途中のトイレでパンティーは脱いでおく。

彼が男子トイレの様子を見に行く。私は彼の合図を待ち、手招きされたら私も急いでトイレに入るという計画だ。

陽光がまぶしい四月半ば、作戦決行の日が来た。彼が休みの木曜日の午後、私も昼から休みを取った。

私は水色のワンピース。もちろん裾がひろがるタイプ。同じ色のハイヒール。いまはパンストもはいている。

紺のスーツを着た彼と午後二時に老舗デパートの入口で待ち合わせた。私が前、ふたり並んでエスカレーターに乗る。店内を見まわすと、平日の午後らしく人影はまばらだ。

三階婦人服売場でいったんエスカレーターを降りる。私は彼が見守るなか、女子トイレへ向かい、個室でパンストとパンティーを脱いだ。不安と緊張が高まる。

ヒラヒラのスカートの裾が気になる。とても普通には歩けない。下半身がスースーして、誰かに見られているような気がする。

「じゃあ、行くよ」

彼がせかす。ぎこちなく歩く私を押すように、ふたたびエスカレーターに乗った。私はなにかの拍子に、あのマリリン・モンローの有名なシーンになったら大変だ。私は左手でハンドバッグを下腹部に押しつけ、もう一方の手は太ももの横に置いた。

八階書籍売場に着き、ふたりでまわりの様子をうかがう。トイレ近辺は下見のときと同じだ。監視カメラはない。

私はもうのどがカラカラ。彼を見ると、私に目配せをして男子トイレへ向かった。彼が入った。私は通路の売場側で合図を待つ。時間が長く感じられた。

彼が顔をのぞかせ、来いとサインを出してきた。私はもう一度まわりを確認し、小走りに男子トイレへ駆けこんだ。

入口の近くの個室。彼が鍵をかけ、私を後ろ向きにする。私は便器をまたぎ、壁に手をついた。彼がスカートをまくりあげる。

私はお尻を突き出した。やっぱり、この緊張では濡れていない。硬くなった彼のモノが谷間を探る。

「痛い……」

私が小声で言うと、彼は急いでコンドームを着けた。

ソロリと侵入がはじまったとき、バタンとドアの閉まる音がした。隣に誰かが入ったのだ。

私は固まった。首をひねって彼を見る。彼も驚いた様子で唇に指を当てた。

私はお尻をまる出しにし、壁に手をついた格好のままだ。だんだんつらくなってきた頃、トイレットペーパーを引き出す音がした。やがて水の流れる音がして、隣から人が出ていった。

「よし、大丈夫。さあ、つづきだ」

小さな声で私に腰をもっと突き出せと言う。しかし彼のモノは力を失って、コンドームがダラーンと垂れていた。

「だめだ……」

彼がつぶやく。失意のどん底のような声だった。私は向きを変え、便器に座った。ここまできて未遂とは、彼がかわいそうすぎる。私はコンドームをはずし、彼のモノを口に含んだ。フェラはあんまり得意ではないけど、亀頭やそのまわりの溝を懸命に吸い、舐めまわす。

彼も腰に力を入れてなんとかしようとするが、復活はならなかった。

「もう、いい……出よう」

彼はガックリしていたが、慎重さは失わなかった。個室のドアを開けて気配をうかがい、個室から出る。

入口の扉から外を確認し、自分の体で隠すようにして私を先に出した。

私はそこより奥にある女子トイレに駆けこんだ。顔は汗でグチャグチャだ。急いで個室に入り、下着をはいて化粧を直す。

彼は通路の端っこで壁にもたれかかっていた。私は彼にすがりつくように、腕と腕をからませて歩き出した。

彼は無言だった。エスカレーターは七階、六階とさがっていく。途中、方向を変えるように歩くフロアがある。ぐるりとまわって、下りエスカレーターに乗らなくてはならない。

そのときだった。うまくいかず、元気のない彼の顔がパッと明るくなった。

通路の奥から若い女性に手を取られ、初老の男性が歩いてくる。そのフロアにあったのは多目的トイレだった。

私の顔を見て、ニヤリとする彼。まだ懲りていないらしい。

やれやれ、またトライするの？

元気の戻った彼を見ていると、かわいくてしようがない。

ま、いいか……。

# 久留米、文化街の青春

パート（神奈川県・五十六歳・男性）

市の人口に対し焼き鳥店の軒数が多く、一時は日本一というデータが出された福岡県の久留米《くるめ》市。僕はそこで生まれ育った。

松田聖子《まつだせいこ》、チェッカーズ、田中麗奈《たなかれな》ら多くの芸能人も輩出している。

僕も小さな頃から芸能人が大好きだった。近所に健児《けんじ》さんという芸能界に詳しい人がいたので、お互い好きなタレントの話をしたり、レコードやカセットを聴いたりしていた。

本当に楽しかった。

健児さんが高校二年、僕が小学六年のときだった。健児さんが突然、オナニーの話をはじめた。

なんのことか僕はまったくわからなかったが、健児さんが「大人はみんな自分のチンチンをこする。しばらくこすっていると気持ちがよくなってきて、最後には白い液が出る」と言った。

「いつかはおまえも通る道だし、気持ちがいいものだから今、一緒にやろう」

健児さんはそう言うと、いきなりパンツをおろして、自分のモノをこすりはじめた。僕もパンツを脱ぎ、自分のモノをこすってみた。しかし、なにも感じなかった。

つづいて健児さんは、お互い裸になって抱き合えば温かいし、もっと気持ちがよくなるからと素っ裸になった。そこで、僕も仕方なく服を脱いだ。

そしてベッドで向き合って、チンチンのこすり合いになった。健児さんのモノはすごく大きく、硬くなっていて、先っぽが風呂で見る父親のモノのように皮がむけていた。こういう状態になったモノを見るのは、はじめてだった。

皮をかぶったままの僕のモノもいちおう立ってはいるのだが、気持ちよさはそんなに感じない。

「大人はこういうこともするらしかばい」

そう言うと、なんと健児さんは僕のモノを口にくわえ、舐めまわしたり、しゃぶったりした。同時に自分のチンチンを激しくこすり、最後は「ウッ」とうなって僕の腹の上に射精した。

「これが精液て言うと。アンタももう少ししたら出るごとなるけんね」

健児さんは荒い息を吐きながら話し、へらへらと笑っていた。

僕にはそのドロリとしたものが気持ち悪く、また健児さんの息遣いに嫌悪感を覚えて一緒に遊ぶのをやめた。

今思えば、健児さんの部屋にあったポスターはすべて男性タレントのもの。当時からそっちの趣味の人だったのだろう。

その後、高校を卒業した僕は、ある会社に就職した。しかし仕事になじめずにあっさりとそこを辞め、毎日ブラブラと過ごしていた。そんなとき、健児さんに声をかけられた。

例の一件以来、街で会っても会釈くらいしかしてこなかったのだが、健児さんはゲイバーに勤めているらしく、夕方になると女装して出勤していた。お世辞にもきれいとは言いがたい容姿で、香水のにおいをプンプンさせていた。

「ねぇアンタ、毎日ブラブラしとるらしかね。だったらウチのお店で働かん？　急にひとり辞めたけん、困っとるとよ」

当然のことながら、僕は健児さんの誘いをすぐに断った。

「よかです。自分はそっちの趣味はなかけん」

「違うよ。ボーイよ、ボーイ。裏方の仕事たい」

会社を辞めた身で、いつまでもブラブラしているわけにはいかない。それに、夜の大人の世界をのぞいてみたい気にもなって結局、誘いに乗ることにした。

福岡県内では中洲《なかす》に次ぐ規模の大歓楽街、日吉町《ひよしまち》。昔、文化会堂《ぶんかかいどう》という映画館があって発展してきたので文化街《ぶんかがい》とも呼ばれている。

店は思っていたよりも広くて、ピアノが置いてあった。

ゲイバーというので、なにかおどろおどろしいところを想像していたが、今でいうニューハーフクラブみたいな所だった。お姉さんたちも、健児さん以外はみんな美しく上品で、しっとりと落ち着いた雰囲気だった。

常連さんも多かったのだが、その中で一番忘れられないのは、恵美子《えみこ》さんのことだろうか。彼女は当時三十九歳で、独身の美容師。久留米市内に店を三つも持っていた。当時はもう店には出ず、経営に専念しているらしかった。

背が高くてスリム。ちょっと眉毛が濃くてキリッとした顔立ちの、まるで宝塚《たからづか》の男役のようなかっこいい女性だった。

その恵美子さんが帰りぎわ、ハスキーボイスで叫んだ。

「あっ、いかん。財布ば忘れた」

「恵美チン、お金は今度でよかよ」

健児さんがそう言ったが、もともと彼女はツケが嫌いな性分らしく、いつも現金払いで通していた。

「近くの店にあるけん、ちょっとアンタ、ついてきて」

そう言われて、僕がついていくことになった。

店のスタッフはすでに帰っていた。鍵を開けて中に入ると、フカフカのじゅうたんが敷いてあり、贈られた花がたくさん飾ってあった。かなりの高級店なのだろう。

その夜の料金分のお金を手渡されたので、礼を言って帰ろうとしたときだ。なんと恵美子さんがいきなり後ろから抱きついてきた。

「今日、お店はヒマそうやん。ちょっと、ゆっくりしていかんね」

「い、いえ、いろいろやることがあるけん」

「三十分くらいよかろうもん」

そう言うと僕の股間を触り、耳に息を吹きかけてきた。

「アンタ、まだ女ば知らんやろ?」

お察しのとおり、僕はまだ童貞だった。いや、まだ女の手さえ握ったこともなかった。僕はまっ赤な顔になり、うつむいてしまった。

「よかよ。ウチが教えてやるけん」

前にまわると、僕のズボンとブリーフをおろした。

僕のものは恥ずかしいことにまだ少し皮をかぶったままなのだが、硬く立ちあがっていた。恵美子さんはその皮をむき、汚れなど気にせずに先端をペロリと舐めた。

恵美子さんは大きく口を開け、僕のものをゆっくりと呑みこんでいった。

「あっ、あっ、あっ」

僕は声を出してしまった。昔、健児さんにくわえられたときはなにも感じなかったが、今は口の中の熱さで亀頭の薄皮が刺激され、たまらない快感を覚えた。

「この若か男特有のにおいがたまらんごとよかとよ。好いとるとよ」

彼女はジュボッジュボッと音を立てながら、頭を前後させていた。左手で僕の玉袋を揉みながら、右手をスカートの中に入れ、自分の股間を触っている恵美子さんの姿のなんと卑猥なことか。

生まれてはじめてのみだらな体験に、僕はあっという間に高ぶってしまい、恵美子さんの口の中に放出してしまった。

「す、すんまっしぇん、我慢しきらんで」

「若かけん、まだ何回でも出せるやろ」

彼女は精液をごくりと飲みほすと、僕の服を剝ぎ取った。そして、ソファに寝るように指示し、自分も全裸になって僕の顔にまたがってきた。

処理などしていないのだろう。まるい恥丘の表面を黒々とした毛がびっしりと覆っていた。

「女のココはこげんなっとるとよ」

毛をかき分けてバギナを見せつけてきた。ぶよぶよとした二枚の肉が複雑な形で合わさっていて、父親がよく食べているカキに似ていると思った。

人さし指でそこをそっと開いてみると、中は赤く、すでにヌルヌルで透明の液があふれていて、テカテカと光っていた。

上のほうに小さい豆のようなものがあった。これがクリトリスだということさえも当時の僕は知らなかった。

「そこが一番感じるとばってん、ほかのところも舐めまわしてもらうと女は喜ぶとよ」

そういうものなのかと、僕はわけもわからず舐めまわした。独特の味とにおいがするのだが、いやな感じはしなかった。

「おおっ、もっと中も、奥のほうも舐めてっ」

ガクガクと腰を震わせながら、恵美子さんが悶えていた。

僕は舌の先を細めるようにして穴の奥までさしこんだ。そのため、鼻の頭がクリトリスをつつく感じになった。腰を僕の鼻にこすりつけるように動かしていた恵美子さんが「ヒイッ」とうなって崩れ落ちた。

「ウチ、もう我慢できんよ。入れるけんね」

恵美子さんはそう言うと、ガチガチに硬くとがっていた僕のものに手を添え、自分の股間にあてがうと、ゆっくりと腰をおろしていった。

ああ、今、僕も男になるんだな、と一瞬思ったが、恵美子さんの膣の温度は口の中よりもかなり高く、しかもいわゆるカリの部分が肉ひだに引っかかる感じがして、たまらないほど気持ちよかった。

「ああっ、奥に当たっとるよ。おおっ、気持ちんよかぁ」

恵美子さんはしばらく楽しんだあと、違うところに当たるようにしたいのか、そのまま後ろ向きになり、今度はお尻を前後に動かした。

「今度はバックからして」

恵美子さんは立ちあがるとソファに両手をつき、白いお尻を突き出した。僕はがっちりとお尻の肉をつかみ、一気に突き刺し、出し入れをくり返した。

「もう、ダメ。イクよぉ。イクっ」

恵美子さんはそう叫びながら、膝から崩れ落ちてしまった。僕ももう少しでイケそうだったので、恵美子さんを床に寝かせ、正常位で突いていった。

「ああっ、出ます。もう、出ますっ」

「中でよかけん……今日は安全日やけん、中に出してぇっ」

僕は少し怖くなって、出る直前に抜いて彼女のおなかの上に出そうと考えた。しかし、未熟な僕にそんな器用なことができるはずもなく、恵美子さんの膣に射精してしまった。

「ときどき無性に男ば欲しくなるときのあるとよ。気持ちんよかった。ありがとね」

彼女はたぶん、来店するときにわざと財布を忘れたのだろう。最初から僕を襲うつもりだったのだ。

それ以来、彼女には何度か誘われて相手を務めた。

店には七人のお姉さんがいたが、一番人気は鮎美《あゆみ》さんだった。年齢は二十一歳。小柄で色白で、茶色に染めた長い髪をくるりとカールさせていた。目がくりっとしていて笑顔がかわいらしく、このままアイドル歌手として売り出しても人気が出そうな感じの人だった。この人がじつは男だなんて信じられなかった。

しかも、ピアノがうまい。チークタイムのとき、鮎美さんの演奏に合わせてお客さんとお姉さんが踊っているのを見ながら、僕はいつも聞きほれていた。

ある定休日の昼間、アパートで寝ていると、その鮎美さんから電話がかかってきた。

その前日、鮎美さんの誕生日にお客さんから大量のプレゼントをもらったのだが、とてもひとりで持てるような量ではない。自宅マンションまで運ぶのを手伝ってくれないかと言う。

店に着くと、ジーパンに白いとっくりのセーターを着た鮎美さんがいた。普段着姿もまたかわいらしかった。

西鉄《にしてつ》久留米駅近くのマンションに荷物を運び終えた。

鮎美さんはそこでネコと暮らしていた。

「別に用とかなかとやろ。ゆっくりしていってよかけんね」

お礼のつもりなのか、酒と食事を用意してくれた。しっかりとだしを取って作られた煮物は、母ちゃんのものよりはるかにおいしかった。

店ではあまり話をすることもないのだが、鮎美さんはとにかく話題が豊富。それに、うまくこちらの話を引き出してくれる。なるほど指名客が多いのもよくわかるような気がした。

酔いがまわるにつれ、だんだん緊張もほぐれ、くつろいだ気分になってきた。しかし、これ以上ここにいると、われを忘れ、一線をこえてしまいそうな気もしてきたので、早々においとました。

季節が移り、土手にびっしりと咲いた菜の花の黄色を映した筑後川《ちくごがわ》が、ゆったりと流れていく頃になった。

夜の世界に入って一年がたとうとしていた。その頃はその世界の面白さにはまり、もう抜け出せなくなっていた。

恵美子さんとはたまに呼び出されて体を重ねていたし、常連さんはよく小遣いをくれた。昼間は死んだように爆睡していたので、給料を使うこともなく貯金も増えるばかりだった。

ある日突然、鮎美さんから店に長期で休ませてくれという電話が入った。このところずっと顔色が悪く、みんな心配していたのだが、理由は誰もわからなかった。

店の雰囲気が微妙に暗くなり、常連客が一気に減って、売上が落ちていくのがはっきりとわかった。

店のオーナーは建設業を営んでいる五十代半ばの男だったが、彼にちょっと様子を見てくるようにと頼まれた。

翌日の昼間、鮎美さんのマンションを訪ねて驚いた。そこにはなんと、バッサリと髪を切り、ぼうっと死んだような顔の鮎美さんがいた。

「ど、どげんしたとですか、鮎美さん」

とにかく中に入れてもらい、全員が心配していることを伝えると、目にいっぱい涙をため、うつむいてぼそっとつぶやいた。

「ごめんね。あたし、もうダメかもしれん」

ぽつりぽつり事情を話した。

博多《はかた》の実家に住む母親が体調を崩したため検査入院したところ、手の施しようがないほどに進行した末期のがんだと診断され、あっという間に亡くなってしまった。

喪服を着て、あわてて通夜に駆けつけたが、そのスカート姿を見た親類みんなから、そんな格好で葬式に出るのか、当家の恥さらしだと責められ、なじられた。仕方なく髪を切って黒く染め、化粧を落とし、ネクタイをして母親を見送ってきた。

「ママだけがあたしの、昔からの理解者だったとよ。女に産んであげられんでごめんねって言うていつも抱きしめてくれたと。化粧とか服とかの相談にも乗ってくれたしね。ママだけがあたしの心のよりどころやったとよ」

淹れてもらったコーヒーをすすりながら、僕は黙って鮎美さんを見つめていた。

「ママがおったけん、あたしもがんばれたと。これからどげんしたらよかとか、あたしにはもうわからんとよ」

鮎美さんはジーパンの膝をかかえて号泣した。なんだか僕までせつない気分になってきていた。

「僕たちもお客さんも鮎美さんのことば好いとるとです。逆に、鮎美さんがおるけん僕たちもがんばれるとですよ。お母さんのことはつらかとは思うけど、そげん落ちこんどる姿ば見たら、天国のお母さんも悲しまっしゃるですよ」

そして、細い体をブルブルと震わせて泣いている鮎美さんのことを心からいとおしいと感じ、この人の支えになってあげたいと心底思った。

僕は、鮎美さんのことが本当は好きだったことにそのとき気づいた。男でも女でもそんなことはもうどうでもいいのだと思っていた。

「僕が力になりますけん、一緒にがんばりましょうよ。ねっ、鮎美さん、がんばろう」

僕は鮎美さんを強く抱きしめた。急なことに驚いたのか、彼女は潤んだ大きな瞳をきょとんと見開き、じっと僕を見つめていた。僕は黙ったまま唇を重ねた。

最初はとまどっていた鮎美さんだったが、少しずつ舌をからませてくれるようになり、かすれた声で問いかけてきた。

「あたしば抱いてくれると？」

無言のままでうなずくと、鮎美さんのブラウスのボタンをはずしていった。白いTシャツも脱がすと、僕も全裸になった。

「ずっと胸の中が冷たくてたまらんやったとよ。誰かに抱いてもらいたかったと。ばってん、ホントにあたしでよかとね」

「鮎美さんやけん、抱きたかとです」

鮎美さんもジーパンと下着を脱いで全裸になった。生理食塩水の入った胸はぽこんとかわいく盛りあがっているのだが、下半身は玉のみ取ってはいるものの、竿の工事はまだらしく、小さいモノがぶらんと垂れさがっていた。

お互い激しく舌をからませながら隣の部屋に移動し、ベッドに倒れこんだ。

「あっ、あっ、気持ちよかよっ、そこっ」

小さめの乳首をやさしく舐めまわしていくと、色白の肌がだんだん桃色に染まっていった。僕の舌がきれいにカットされた陰毛に到達した。股を大きく開かせ、股間に顔をうずめた。先ほどより少し硬くなっているそこの先端を口に含み、しゃぶった。

「かわいい、かわいいですよ」

生まれてはじめての口淫体験だが、大好きな鮎美さんのものだから、嫌悪感はまったく湧いてこなかった。恵美子さんのクリトリスよりかわいいと思った。

「あたしにも舐めさせて」

しばらくの間、女の子のようにあえいでいた鮎美さんが荒い息遣いでそう言ったので、シックスナインの格好になり、お互いのモノを頬ばり合った。

僕の上にまたがり丁寧に竿をしゃぶる鮎美さんの舌は、確実に感じる部分をねっとりと責めてきた。あまりの気持ちよさに、すぐにイキそうになってしまった。

「ねぇ、そろそろ欲しくなってきたと」

僕がそう言うと、鮎美さんは引き出しからローションを取り出し、自分のあの部分にたっぷりと塗りつけていた。次に避妊具を、口を使って器用に僕のモノにかぶせ、そこにもべたべたとローションをつけた。そして、四つんばいになって、こちらにかわいいお尻を向けた。

しかし、この期に及んで僕の中では恐怖心が湧いてきていた。鮎美さんを抱きたいとは言ったものの、当然男とやったことはない。アナルセックスなんてはじめてのことだ。

「ゆっくり入ってきたら大丈夫やけん」

覚悟を決め、お尻に手をかけ、少しだけひろげた。細かいシワが密集しているくぼみがローションでテカテカと光っている。切っ先をそこに押し当てて軽く力を入れると、ヌルッと入っていった。

「ひいいいっ」

恵美子さんに導かれて初体験したときのように、僕は声を出してしまった。熱い。恵美子さんの膣も温かさを感じたが、それ以上の熱なのだ。

「そのままゆっくりと動かしてみて。うん、そんな感じ。ああっ、気持ちいいっ」

ゆっくりと腰を前後させた。しかし、なんだろうこの感じは。締めつけは当然のことながら、壁にこすれる感覚が恵美子さんとはまったく違うのだ。亀頭全体が温かくやさしく包みこまれ、そっと撫でまわされているような気がした。膣と肛門はたったの数センチしか離れていないはずなのに、こうも快感に差があるのか。

今度は抱き合うようにして、僕はまたもゆっくりと腰を動かした。一体感を覚えながら舌をからめ合った。

この人と一緒に暮らしたい。ずっとそばにいて、心の支えになってあげたい。僕にとってはじめての恋だったかもしれない。

「もう、ダメ。もう、ダメ。気持ちよすぎる。あたし、イキそう」

鮎美さんが叫んだ。

最後は正常位になり少し強めに、そして早く激しく突いていった。

「出しますよっ。中に出しますよっ」

「来てぇ。中にいっぱい出してっ。もう、ダメッ」

延髄のあたりに突然ピリリとしたものを感じた。玉袋と肛門の間が激しく収縮し、尿道を電気が走った。そのままお尻の中に大量の精液を放出した。

「ありがとう。こげんやさしくあたしば抱いてくれた男の人は、はじめてよ。ほんなこつ気持ちよかった」

横になっていると、鮎美さんがにっこりといつもの笑顔を見せ、やさしくキスをしてくれた。

「できるだけ早く、また店に戻ってきてくださいね」

「わかった。心配かけてごめんね」

しかし、翌日もその次の日も鮎美さんは店に出てこなかった。三日目にマンションに行くと、すでに引き払っていた。

名古屋《なごや》に親友がいると話していたから、もしかしたらそこに行ったのかも、と健児さんが言ったが、誰もなにもわからなかった。

いろいろとつらいことがあったこの地を離れ、誰も知る人のいない新天地でまた新しい人生をやり直したいと考えたのだろうか。

ここはもともとオーナーが道楽ではじめた店だったので、売上の減少とともにあっさりと店を閉じてしまった。

僕はその後、東京にいる兄を頼って上京し、そのままただ流されるようにして生きてきた。

健児さん、恵美子さん、そして鮎美さんとそれ以来、一度も会っていない。

男性との行為は結局その一回きりだった。僕は鮎美さんという人間が好きだから抱いただけで、男色のケはないのだ。

「みんな、今頃なんばしよっとやろかねぇ」

近くの和田《わだ》の海岸を散歩していると、今でもときどき、みんなのことを思い出す。

# 普通の妻に戻れた夜

主婦（奈良県・五十七歳・女性）

私はある男性にひかれていたことがあります。といっても、その男性と秘密の関係を持っていたわけではありません。ただの会社の先輩、後輩という仲でした。

その男性の名は浩二《こうじ》さん。別にハンサムではなかったのですが、清潔感のある白い歯と、テキパキと仕事をする姿に私は魅了されていたのです。

それはほかの女子社員も同じだったようで、新入社員の孝子《たかこ》は積極的に「おごってください」と誘いをかけるほどでした。

彼も私の気持ちは察していたはずですが、それを受け入れてはくれませんでした。ほかに思い人がいたからです。大学時代から交際していたようで、彼女の存在が仕事の励みになるとノロケていたくらいです。

そんな私のあきらめ半分の心を癒してくれたのが、浩二さん同様、会社の先輩であり、のちに夫となる人でした。

猛烈にアタックされ、私は二十六歳で結婚しましたが、不謹慎にも初夜までは浩二さんのことが頭の隅に残っていました。夫に処女膜を破られたときの痛みと赤い血が、私の頭の中から彼を追い出してくれるまでは……。

ですから、その一年後、彼が結婚したと夫から知らされたときも「ああ、それはよかったわね」と答えたくらい、彼に対しての思いは薄れていました。


末の子を産んで八年がたち、私は四十二歳になっていました。夫は週末の金曜日だけ飲んで帰る、ごく普通のサラリーマン。平凡な生活が当たり前となっていました。

夫が四十五歳で部長になったと喜んでいた矢先のことです。夫が二階でしきりにパソコンを使っていたのは知っていましたが、私はそのおかげでテレビの好きな番組が見られると喜んでいました。

そんなある金曜日の朝、夫が会社に向かったあと、掃除するために二階にあがってみますと、パソコンが机の上に置きっぱなしにしてありました。

なにげなく起動してみたのですが、ロックしてあります。なんだか気になり、思い当たる名前や数字を入れてみましたが、ロックは解除されません。もしやと思い、夫の好きなプロ野球チーム名を入力してみたら、運よく開きました。

ワープロでなにか文章を書いているようです。読んでみると、驚くことに赤裸々な性体験の記録ではありませんか。しかも固有名詞は変えてあるものの、背景や人物描写に思い当たる節があります。私が勤めていた頃に入社した孝子と夫がクロスしました。孝子は当時、夫が相当かわいがっていた子です。まだ事実を確かめたわけでもないのに、私は無性に腹が立ち、パソコンを閉じました。

夫は人当たりはよいのですが、とくに女性から好かれるような容姿ではありません。安全パイだと見くびっていた自分にも腹が立ちます。

このモヤモヤ感のよい解消案が浮かばないまま、一カ月分の家計費を財布につめた私は、レストランでこれまで食べたこともない高級ステーキを前に座っていました。

でも、そのステーキをおいしく感じることができませんでした。心と同様に、舌も麻痺状態だったからでしょう。もっとも支払のときに金額を見たら、正気に戻らざるを得ませんでしたが……。

今思えば、半年ほど前から夫の夜の要求が月一に減っていました。

恥ずかしい話ですが、私だって人並みの性欲はあります。昼間にひとりでいるとき、テレビのメロドラマの主役を夫に見立て自慰をし、火照った体を鎮めていました。それなのに、夫は外で好き勝手なことをしていたのです。私のことをどう思っているのか。そして、回数が減ったのは孝子のせいだと日ごとに思うようになり、証拠もないのに孝子への怒りが増してきました。

離婚も頭にチラつきましたが、四十二歳にもなって今さら仕事ができるのだろうか、それに子供もふたりいるし、生活の手段は……考えに考えました。しかし、頭に血が昇っているので、いくら考えても結論は出ません。

それからの私は、夫が求めてきても、なにかと理由をつけて断っていました。お義理でされているのがいやだからです。

「なんや、最近、おかしいで。なんかあったんか」

夫が私に聞きましたが、白々しい、それはこっちが聞きたいくらいだわと返しそうになり、とっさに出た言葉が「最近、孝子、元気にしてる?」だったのです。

「げ、元気やで……」

そう返した夫の眉がわずかにピクつき、確信犯めいた反応を見せました。

よほど会社に怒鳴りこみ、夫と孝子に恥をかかせようとも思いましたが、それでは私があまりに惨めすぎるし、そののち子供にも影響が出てしまいます。

頭の中はさまざまな考えが渦巻くばかりで結論が出せません。生活を取るか、離婚をするかと葛藤ばかりの日々でした。

私はもともと黙りこむタイプだったのですが、今回だけは抑えきれませんでした。夫の会社の出入口が見通せる喫茶店に座りこみ、張りこんでいたところ、五時半頃に孝子が別の事務員と出てきました。

あれっ、予想はずれだわ、と多少頬が緩みましたが、もう少し様子を見ようと二杯目のコーヒーを注文し、ふたくちめを飲み終わったときでした。

夫が例のノートパソコンをかかえて、出てきたのです。

それにしても尾行がこんなに大変だとは思いもしませんでした。もし振り向かれたら万事休すです。あとからあとから冷や汗が出てきます。

幸いにも見つからず、行きついたのは夫と入ったことのある、カウンターだけの小さな居酒屋でした。といって、私が入ることはできません。仕方なく入口付近で耳をそばだてていますと、孝子のはしゃぎ声が聞こえてきました。

やっぱり孝子と待ち合わせしてたんだと歯ぎしり。こうなったら、とことん突き止めないと気がおさまりません。通行人に気を使いながら、路地に潜みつづけたのです。

二時間後、ようやく夫たちが店から出てきました。

「部長、ごちそうさまでした」

孝子を含めた三人が夫に頭をさげます。

そのときの満足げな夫の顔を出ていって引っぱたいてやりたくなりました。

帰りが同じ方向だからと、夫と孝子がほかのふたりと別方向に歩きはじめました。

ラブホテル街にふたりが足を踏み入れたとき、孝子は夫の腕を取っていました。

私もさすがにこれ以上は無理だと尾行する気がうせ、引き返します。ハラワタが煮えくり返るというのはこんな思いだと思い知らされ、むなしさや悔しさでポロポロと涙があふれてきました。

「どしたん。なに、泣いてんの。僕が慰めてやろか」

からかいぎみに肩に手をかけてきたヤサ男に「アホンダラ、触るな」と今まで使ったことのない下品な言いかたで怒鳴りました。

私の大声でいっせいにまわりの目が私に向いた光景は忘れもしません。夫だけでなく、世の男どもがすべて敵に見えました。

「おお、怖っ」

声をかけてきたヤサ男は地下鉄へ消えていきました。

駅前だったからよかったけど、暗がりだったら襲われたかもと身震いした反面、もし夫への面当てに体を許していたらどうなっただろうと一瞬でも思った私は、電車内でも震えが止まりませんでした。

私がこんなにいやな思いをしているときに、夫は孝子と不貞行為の最中なのです。頭がおかしくなりそうで、帰宅後、子供たちに八つ当たりしそうになったのを覚えています。悔しくて悔しくて、残っていたワインをがぶ飲みしていました。ときどきでしたが、夫とふたりで飲んでいたワインでしたから、よけいに腹が立ちました。

「お母さん、なにがあったの」

心配してくる子供たちにもそっけなく、翌日わびたほどです。

すべて飲みほした頃には、何時なのかもわからないままソファで正体不明の状態。私が尾行していたとも知らず、夫はたぶん、いい気分で帰ってきたのでしょうが、もし私が起きていたら、自分を抑えることができずに修羅場となっていたでしょう。

翌朝、頭の中でお寺の鐘が突かれたようにグワングワンと痛み、昼まで何回も口を押さえてトイレを往復しました。食卓にゴルフに行ってくるとの走り書きが置いてあったのですが、孝子のことが頭にチラついて破り棄てます。

午後四時頃には頭痛も薄まり、子供たちを思うと夕食の準備にかからざるを得ません。夫はどこかで適当に食べてくるだろうと思ったときでも、ふたたび孝子がチラつきます。

気分転換にと隣町のスーパーまで車を飛ばしました。夫に嫌悪感を持ったままだからか、買い物の量がいつもより多く、ムチャ買いです。

そして、満載にしたカートを押し、レジに向かおうとしたときでした。

「中川《なかがわ》さんじゃない？」

背後からかけられた聞き覚えのある男性の声に振り向きました。

「あっ、浩二さんじゃないの。なんでこんなところに……」

思わずそう返した十分後には、スーパー近くの喫茶店に座っていました。

ひそかにあこがれていた浩二さん。夫と結婚してからは思い出の中だけの人だったのですが、その彼が今、私の前でほほ笑んでいるのです。

彼の頭髪の生えぎわには白さが目立ちはじめていて、十数年の歳月を認めざるを得ません。それでも、私には彼が輝いてみえました。

いつしか忘れかけていた青春がよみがえったようで、心拍数があがったのをはっきりと自覚できました。

ところが、思い出話から近況まで話してくれた彼からは、覇気がまったく感じられません。転職した会社の業績が思わしくなく、ボーナスも出なくなったらしいのです。

「最近、嫁が冷たいんや。ひとり息子にベッタリで、俺のことなんかかまってもくれない」

そう話す彼の顔もどことなくさびしそうです。

彼がかわいそうになり、なんとか慰めてあげようと帰る時間も忘れて会話をつづけました。いつしか、私を見ている彼の目がギラギラしはじめているのに気づき、こんなことなら、ちゃんとお化粧してくるのだったと後悔しました。

スーパーの駐車場に戻ってきたときには、日は落ちていました。彼は私の小さな車の助手席に座りこみ、ハグからキスと速攻でした。焦ったように忙しいキスで、私の唇が彼の口内に吸いこまれるくらい強烈です。

けれどそれは最初だけで、途中からソフトなキスに変わりはじめると、私は頭がぼーっとして、押し寄せてくる官能に陶酔させられていきました。

拒む力も失せ、乳を揉みしだかれ、股間までいじられたときはもう、この人の愛人でもいいと思いました。

今までの、貞淑な妻だった私はもろくも崩れ去り、夫との生活を取るか離婚するかの葛藤さえも霧散。いや応なく、私の心は不倫の方向へと流されていきました。

「君が欲しい」

ストレートな言葉を彼が連発してきます。彼の股間がギンギンに突っぱっているのがわかります。

一方、私のほうも「この硬いオチ○チンで、早く私を突き抜いてください」と懇願したいほど下着を濡らしています。

とはいえ、安っぽい女には見られたくないというプライドから一応抵抗してみます。いずれは一線をこえる覚悟はあったのですが、ここはスーパーの駐車場です。誰が来るかもしれませんし、どうせなら、もっとムードのあるホテルで結ばれたかったのです。

「今日はいや。ね、必ず連絡するから許して」

私の股間をはいまわっている彼の手を振り払い、連絡先を交換しました。

帰宅すると、夫はソファで夕刊を見ていましたが「今日は食ってきたから」と、夫は私と目を合わせようともしません。

そしてまもなく、夫は疲れたからと二階の寝室にあがり、子供たちも食事をすると早々に部屋にこもりました。

普段どおり、平静を装わねばと考えながら帰宅してきたのに、家族の目を気にしなくてすみ、ホッとしました。

そのあと、お風呂に入って驚きました。洗おうとして乳首に触れたとたん、思わずアッと声を漏らすほど感じたのです。

こんなことは、はじめての経験です。つづいてあそこを洗ったときは、ヨガリ声を抑えるのに必死なくらい感じていました。

湯船につかりながら目を閉じると、駐車場での、浩二さんの指の感触が思い出されます。いつしか体をはいまわる自分の指が、まるで彼の指であるかのような錯覚に陥ります。

彼の左手の指が乳首をこすり、片方の指でビラビラを上下させ、手のひらでやさしくクリトリスを撫でてきます。中指を膣内にさし入れてかき混ぜると、上半身が反り返るほど一気にのぼりつめました。

翌日の昼三時頃、私の気持ちが伝わったのか、浩二さんから「水曜日に会えないか。休みを取ったから」と電話が入りました。

待ちに待った電話だったのですが、渋々応じた演技をしたのも最初に誘ったのが浩二さんだったことを彼に認識させたかったからです。

あとで思ったのですが、お互い伴侶に不満があったのと、私がもともと彼を好きだったことが不倫へのきっかけになったと思います。

先日のスーパーで落ち合い、彼の車に便乗。背もたれを倒したのは彼からの提案でした。彼もふたりでいるところを人に見られたくなかったのでしょう。

近郊のレストランで昼食をとったあと、彼は表街道から少しはずれた道沿いにあるラブホテルに車を滑りこませました。なんだか手慣れた行動でしたが、浮気がはじめての私は気もそぞろ。私の体を気に入ってくれるだろうかなどと不安ばかりで、そちらに気をまわす余裕はありませんでした。

部屋に入ると彼は余裕を見せ、ふかふかの布団に大の字になり、私に手招きしました。でも、覚悟を決めていたはずなのに、なかなか一歩前に進めません。

「そんなにじらすなよ」

そう彼が言いましたが、私にそんな気は毛頭なく、立ちつくしているばかりでした。すると待ちきれなかったのか、彼は私を布団の中に引っぱりこみました。

「こんなにもかわいい人だったんやな」

お世辞めいた言いかたをしながら彼は私の髪を撫で、やわらかい唇で私の唇を挟むようにして吸いあげてきます。まるで赤ちゃんの唇を思わせるほどソフトで洗練された大人のキスに、私はとろけ、体から力が抜けていきました。

なんて甘美なキスなのでしょう。夫とは大違いです。

そして、私のブラを手慣れた感じではずしていきます。経験が多そうだなと思ったのですが、いやではなく、流れに任せます。

彼が私の髪をかきあげ、うなじから背中と唇をはわせます。触れるか触れないかのソフトな感触に、私は何度も何度も反り返り、お尻を鷲づかみされて甘嚙みされたときには、思わずよがり声をあげていました。

私はもう我慢できず、彼のオチ○チンを握りしめ、ごつごつしたその硬さをいとおしむようにしゃぶりついていました。

私はこんなに淫乱だったのか……。

今更ながらに思いしらされました。きっと割れ目のビラビラまで、もうグチュグチュだったと思います。

彼がイチモツにゴムを装着したときは期待でいっぱいになり、一気に挿入されて抜き差しがはじまると、私の興奮は最高値にまで跳ねあがりました。

「感度がいいんやねぇ」

彼からそう言われ、うれしさと恥ずかしさに顔を覆います。結婚前に好きだった人だけに、私の燃えかたも尋常ではなかったのかもしれません。

以来、彼との関係はつづきましたが、夫の不貞行為も手伝って、自分の不貞には罪悪感が湧きませんでした。子供たちには申し訳ない気持ちは重々あったのですが、不倫に終止符を打てませんでした。

おう瀬は月に二回と決めていましたが、なかなか会えないときは気持ちを抑えるのが大変。風呂場で彼の愛撫を思い出しながら自慰をして気を紛らわせていました。

夫のお義理の求めには理由をつけて逃げまくりましたが、夫は以前と違ってあっさりとあきらめ、背中を向けます。あんたには孝子がいるでしょうと言いたかったのですが、今の私に言えるわけがありませんでした。

平日は彼が仕事、休日は夫が出かけないかぎりは会えません。そのせいで、この頃から夫の予定が気になって仕方ありませんでした。今までの私なら夫の予定など気にもしなかったのに、つい聞きすぎたのでしょう、夫が「最近、よく聞いてくるな」といぶかることもありました。

彼にはじめて抱かれてから数カ月がすぎましたが、身も心も充実した毎日でした。夫の不倫も彼の存在があるからこそ見逃せたのです。そして、私の不倫もバレなければいいんだと開き直り、夫の不貞も生活費さえ入れてくれればと、あとから思うと勝手な私でした。

その年の秋、用事で市役所に出かけたとき、夫の会社のお局さんに出くわしました。

「久しぶりねぇ。あなたが辞めたあと、いろいろとあったのよ」

と耳打ちしてきました。懐かしさもあって、一緒に喫茶店に入りましたが、彼女の第一声に心臓が引っくり返るほど驚きました。

「孝子を覚えてる？　あったまにくるのよ。あの子ね、会社の男どもとうわさが絶えないのよ。あんたの旦那は大丈夫？」

「……えっ」

私の驚いた顔に満足したのか、彼女がつづけます。

「それに、あの○山浩二さんが辞めたのも、孝子が関係してたのよ。私も驚いたわよ。赤ちゃんが生まれて、彼が喜んでいた頃やったと思うわ。男って我慢できひんもんなんやろか。彼もいたたまれずに退社したみたいよ」

私には青天の霹靂でした。

「あ、あの人が……」

と、やっと絞り出しただけで、あとは絶句していました。

浩二さんの奥さんが彼に冷たくなった原因は、孝子との不倫が発覚したとしか思えません。頭がぐちゃぐちゃになり、そのあと、どんな話をしたか覚えていません。

夫や浩二さんのことよりも孝子に驚きましたし、お局さんの怒りどころか、私の怒りは沸騰したヤカンみたいにぐらぐらと煮えたぎりました。

帰宅した私は怒りに勢いを借り、浩二さんに電話をしました。

「孝子とのことを聞きました。奥さんと子供さんを大切にね。それと、二度と電話をしてこないでください。さようなら」

と、一気に言い、ガチャンと受話器を置きました。言い訳なんか聞きたくもなかったのです。

その夜の私は不思議と冷静に話ができ、夫にもはっきりと告げました。

「孝子とのことは知ってます。会社でうわさになってることも聞きました」

「えっ、嘘や！」

夫は青い顔でなんやかやと言い訳をしましたが、

「ラブホテルに入っていくのを見ました。それに会社でうわさになってるの、知ってた？」

と言ったときには、さすがに言い逃れできないと悟ったのか、素直に謝ってきました。

「絶対、別れるから。もう、二度としません。誓います」

その言葉には多少疑いも持ちましたが、自分の不倫を隠し通すには許すしかありません。

私の不倫と相殺やわと胸のうちで勝手に手打ちします。

普通の妻でいられる幸せを噛みしめ、夫にも心を入れ替え、やさしく接しはじめましたが、それでも夫へのわだかまりが消えるまでは時間がかかりました。

夜の営みを再開するきっかけとなったのは、近くに住む私の母親が入院したとき、夫が親身に介護し、まめに話し相手をしてくれたからです。お互いの不倫後、二年がすぎていました。

夫が求めてきたその夜は突然でした。これ以上待てなかったと見え、いきなり私を引き寄せ、キスしてきたのです。

「今までごめんな。ようわかったわ、おまえのよさが」

と言われたときには、私は思わず夫の首にしがみついていました。

硬いオチ○チンを抜き差しされるたびに私は声をあげ、その動きに合わせようと下から腰を突きあげます。そして、あまりの気持ちよさに「あなた、あなた」をくり返していました。

その最中、浩二さんのことがちらっと頭の隅をよぎったのですが、それだけのことです。

やっと普通の妻に戻れたような気がした夜でした。

# 村の女

無職（宮城県・七十歳・男性）

60

田舎生まれだからか、性に興味を覚えたのは早かった。

終戦から十年も満たない当時、東北の片田舎には幼稚園もなく、小学校に入るまでは毎日家でブラブラしていた。

父は漁に出ていていつも留守で、母親がまだ二十代の頃だったろう。

周囲のすべてが貧しく、娯楽といえばラジオだけ。そんな日常だったので、小学校入学はとてもうれしかった。学校まで小学生の足でおよそ四十分。いま思えばよく毎日歩いて通いつづけたものだ。

ひとり、同い年のかわいい女の子がいた。私を見る目が子供心にも妖しかった。

学校帰りのある日、不意に性的な衝動にかられ、子供心にうろたえていた。

大人のような勃起ではないけれど、かすかに分身が勃《た》ちあがったのだ。

女の子のそばにはいつも同い年の子がいるのだが、この日は珍しくほかには誰もいなかった。

夢中で抱き寄せた。女の子は逆らわなかった。

「足、開け」

「うん」

女の子は震えていたような気がした。けれど、おずおずと足を開いた。小さなズロースだった。

「触るぞ」

いわゆるお医者さんごっこは二、三度体験ずみだった。女の子もお医者さんごっこと思ったのだろう。

「うん」

幼いなりに高ぶった顔をし、声をうわずらせて応じた。

そのときだった。後方から、

「あっ、ヤッてるぞ。誰か早ぐ、母ちゃん呼んでこい」

いつも遊んでいる近所の子供たちの大声に襲われた。

愕然とし、震えがきた。このままいけば、まだ誰ひとりとしてしなかったことまでやったかもしれない子供なのだ。

だが不思議なことに、下で膝を立てている同い年の女の子の顔は、見つかってもまだ平然としていたのだ。

数分後、血相を変えて家から走ってきた叔母により、引きずられるように帰宅した。母親はしょんぼりし、哀れんだ目を向けただけだった。

帰るやいなや、

「恥知らず」

と罵る叔母の手によって、その日一日、庭の隅に生えている太い松の木に荒縄で縛りつけられた。私はそのまま熱い日差しのなか、泣きわめき、

「ごめんなさい」

と叫ぶしかなす術がなかった。

その日以来、同じ学校に通っていたものの、女の子との交流は途絶えてしまい、あっという間に四十年ほどがすぎてしまった。

彼女と会ったのは、厄払いを兼ねた同窓会の会場だった。当然、結婚もして、もう孫のいる年代になっていた。

胸部につけた名前を見るまでは、あのときの女の子とはまったくわからなかった。

あのころ、村の井戸端で漁師たちと露骨な会話をしていた熟女たちよりもさらに年を重ねた女の子は、成熟を通り越し、落ちる寸前の完熟した果実のようだった。

顔には面影があった。偶然に席が隣にならなければ、話す機会もなく通りすぎたかもしれない。最初は会釈しただけだった。

しかし、宴が進むなか、生家が近所なので、自然に昔話に花が咲く。

同窓会前日までは記憶のどこを探しても存在していなかった、すっかり忘れていた幼なじみだとわかった。一度言葉を交わせば決壊した堤防からあふれる水のように昔のことが流れ出し、止めることができなかった。

どちらからともなく、あの日に触れた。

「覚えているか」

「忘れたことない」

「未遂だった」

「だから、忘れられないのかしら」

もう、ふたりには訛りさえない。酒の勢いがばかなことを言わせた。

「俺、あの未遂は心残りだった」

「いいけど、もうすぐ五十歳だし、だいぶゆるいかも」

女の微笑があでやかだった。

「もう、つづきは無理だろうな」

「私も」


「俺だってそうだ。やわらかい」

「大丈夫。ゆるいのとやわらかいのだったら、指で押しこめば入るから」

不意に井戸端のおばさんたちを思い出し、苦笑した。中締めを機に、誘い合ってモーテルに向かった。

モーテルの一室で、改めて見なおすと、全体的に肉づきがよくなったかつての幼なじみがあでやかにほほ笑んでいた。

「浮気したことはあるの？」

と聞くと、一度だけ、とかすかに顔を赤らめた。

「でも、今日のは浮気ではないからね」

そのひとことがくすぐったい。当時はいつもまつわりついていたことに照れ、邪険に接していたが、彼女に言わせれば、

「初恋だったんだよ。うれしかった」

だから、お医者さんごっこも、まかり間違えば交わりにまで進んだかもしれない行為も、進んで受け入れようとしたのだという。

子供でも、女はやはり早熟なのだろう。あのころの幼さでは、男はそこまでは考えず本能的に、女体というものに動物的な興味を抱いていただけだった。

もうすぐ五十歳の女の肉体が間近にある。色白で豊満だった。もう、記憶にある幼さなどどこにもない。圧倒されるような女体だった。少し垂れはじめてはいるけれど、乳房にはまだ張りがあった。腰まわりから臀部にかけてのびっしりと肉のつまった曲線の迫力は圧巻だった。

唇を求めると、最初からむさぼるように応じてきた。

あのときにはキスなど求めなかった。一直線に、男にはない裂け目を求めていた。

「恥ずかしい」

唾液で糸をひくように求め合った唇から、そのひとことが漏れた。夫は船員で一年も家を留守にするのに、航海から戻っても体は求めるが、キスは記憶にもないほどされたことがないという。

そう聞いて、ふたたび唇を求めた。口中の隅々まで舌をはわせた。たわわな乳房をこねまわした。それだけであえぎ声がすさまじい。

飢えているようだった。周辺の女は完全に熟しきっている。もう子育ても終わり、生理もなく、しかし女としての肉欲だけは若いころにも増して、常に欲情の種火をいぶらせている。

だが、夫はふつう年上だろうから、欲望はあっても肉体的に無理な年代になっている。そのギャップが女の不満を堆積させる。その鬱憤を晴らすかのように、女は積極的だった。

日頃の夫の代用品かな、と思いつつも、それならそれでいい、と思う。

幼いころには未遂に終わった肉体だった。それが脂のこってりと乗った鮪のトロのような肉体に変身し、武骨な指に歓喜している。

もともと若い女には興味が薄く、熟女好きだった。女の長い年月をかけての変化は、熟女好みの目には好ましいものだった。

全身に舌をはわせた。

早く挿入してほしい、と訴える女をとことんじらした。乳首をかんだ。強弱をつけると、それに合った女のうめきが室内に響いた。

下方に体をずらし、肉感的な太ももを割る。女は無意識に自らも股を開いていた。

分厚い肉びらがそそった。早くとせがむようにうごめいていた。ためらいもなく、舌を伸ばした。肉を伸ばしたような花びらが舌にまつわりついてくる。芳醇な味がした。舌先をまるめとがらせて、その奥に侵入させた。

雄たけびのような熟れた牝の声が頭上から降ってくる。濃い液が湧いてくる。舌先を、すでに剝けてさやから顔を出している大振りの淫芽に向けて強めに掃いた。

腰と尻が激しく波打ち、全身が硬直し、やがて弛緩した。

少し間を置いた。放心したように女が腕を引く。されるがままに仰臥すると、女は大儀そうに体を起こし、されたことへのお返しのように、胸から下腹部へと舌をはわせはじめた。

分身は半勃ちだった。女はすぐには含もうとしなかった。先走りの液を分身全体にまぶしていた。見ているとその分身に顔中を擦りはじめた。目は夢を見ているようにうっとりとしていた。

「あのときのアレが、こんなになるのね」

「おまえのだって」

含み笑いがふたつ重なった。女が舌をくり出した。

亀頭から幹へと満遍なく女の舌は巧みに滑った。先端から一気に根元までほおばった。ほっぺたがふくらむ。陰毛が鼻を覆うほどに、女は深くくわえこんでいた。

先端がのど奥から食道にまで入りこんでいるような錯覚に陥る。その直後からのスロートがすさまじかった。砂漠のどまん中でやっとオアシスの水にありつけたように、女の口とのどが分身を根こそぎ吸引しようともがいているようだった。

久しぶりに充実感を得た。分身に硬い芯が通り、狭い口の中が窮屈すぎて解放されたがった。女が未練がましく分身を口から出した。

「ベッチョ、やろう」

あえて地域の俗称で言った。

そのひとことに高ぶったようだった。

小鼻がヒクついた。女は急いで体をよじ登ってくる。一度強く唇を求め、もう一度体を胸板に滑らせると、いななないているままの分身の真上に淫孔をあてがい、先端を二、三度肉びらに遊ばせ、先っちょだけを潜りこませた。

生温いぬるっとした感触に狂喜した。思わず腰をせりあげた女は、

「ウッ」

とうめき、一気に尻を落としてきた。ずるりと分身は穴奥に導かれ、先端が子宮口の輪を感じた。その瞬間、同時に女は髪を振り乱し、乱舞した。終焉は瞬く間だった。

巨大なもちのような白い尻が駒のようにまわり、淫芽を恥骨に強く擦りつけたまま

女は呻吟した。

「あああ、あたしたち、やっとベッチョしてるのね」

「そうだ。やっと念願がかなった。また、会おう」

「あああ、そうしたい。でも、もうだめえぇぇ。今度会ったら、あああ、家庭が壊れるぅ。だから今日だけ、あたしをヤリ壊すぐらいに抱いて」

「……しかたないなあ」

私はうなずき、放出したばかりなのに、ベッドの枕もとに備えてあるバイブに手をのばした。

「なんでもしてぇ」

女は何度も絶頂に達した。以来、連絡は取らなかった。

私は五十歳を機に職場を辞めた。故郷で食堂を開いた。たったひとりでの開店だった。妻とは二十代後半で別れた。別れて二十年もたつのに、ときおり遊びに来る。だが、復縁とかそういう話にはならない。

数日、ともに暮らせばひとりになりたいという欲求が強まり、その気持ちを制御できない欠陥人間なのだ。結婚生活などできるはずがない。ただ、いまも独り身の元妻が、心配して訪ねてくれるのは心底うれしい。

不思議に接する女には恵まれていた。近所に魅惑的な未亡人がいた。四十歳で、夫に死なれて十年もの間、女手ひとつでひとりの子供を育てていた女だった。島から船に乗り、町の職場に勤めていることは知っていた。

月に何度か、知人たちと店に食事に来ていた。子供とふたりのときもあった。開店して二年ほどが経過した。ある日、用事で店の前を通りすぎようとしていた女に声をかけた。

その日は朝から日ざしが強かった。歩く女の顔に汗が浮いていた。それを見て、涼んでいけと声をかけたのだ。

女は一瞬ためらった。だが、もう一度勧めると店に入ってきた。冷えたジュースを出した。おいしそうに飲む女ののどもとが刺激的だった。

ひとりで子供を育てているその顔には疲弊は見えなかった。だが、ふと横顔に寂寥が見えた。普段は店主と客として、ひとことかふたこと交わすだけだった。小一時間話したのは、はじめてだった。

女は堰を切ったようにしゃべった。その口もとだけを見つめていた。美人だった。肉感的だった。好みのタイプだった。真夏の暑さに冒されたように、この女を抱きたいと思った。

夫に死なれて十年。田舎はそうした境遇の女には残酷だった。好きな人ができたといえば、身持ちが悪いといわれる。男と並んで歩いているだけで、好きものと陰口をたたかれる。

ほとんどの女たちが船乗りの妻なので、誰もが空閨に身悶えしている。淫らな妄想をくり返し、都会の女たちのような男との交わりの奔放さにあこがれている。

それだけに、夫を亡くした女は周囲に勧められて再婚でもしないかぎり、もったいないほどの肉体を満たす術がない。

その女の目も肉欲への不自由さを訴えているように思えてならなかった。それでなければ、はじめてといっていい相手に、こうまで男女のことについて踏みこんだ話をするはずがない。

「陰口を言う人ほど隠れていいことをしているのよね、上手に」

女はこう言って立ちあがった。小一時間は、立ち寄る長さとしては異例だった。周囲の目を気にしているのだ。

「たまには遊びに来いよ。俺はここで生まれたけれど、四十歳すぎまで都会暮らしだったから、気分的には楽だろう」

「そうね。まったくここいらの人たちとは印象が違うもの」

「気が向いたら、来ればいい」

「ここ、目立つわね」

「夜十時をまわれば、人っ子ひとりいないよ」

それがこの地域のサイクルだった。朝はあきれるほどに早起きだった。そのぶん、夜の九時には床に着く。若い者たちは町に遊びを求めている。

「憂さ晴らしに来ようかな」

「待っているよ」

まさか本当に来るとは思わなかった。それがその日のうちに現実となり、自然に高ぶった。夜、十一時をすぎていた。客は全員帰り、のれんをしまい、厨房の片づけも終わり、帰宅前にカウンターに腰をおろし、たばこをすっていた。

そのとき、車のヘッドライトがガラス窓を横切るように店の前を通過し、スピードを落とした。ウインカーの赤い点滅が店に向いた。車はそのまま駐車場に入り、店裏のスペースに止まった。

ドアが閉まり、足音が聞こえた。音から女だと察しがついた。

カウンターから厨房に移動し、駐車場へつづくドアの前で気配をうかがった。足音が止まり、ドアを開けた。

「来ちゃった」

思わず目をみはる。昼に来た未亡人が妖艶にほほ笑んでいた。急いで中に入れ、後ろ手に施錠した。間近に立つ女の息が熱かった。夜、たったひとりで来た。ためらう理由はなにひとつなかった。両手を腰にまわして抱き寄せた。女の体がしなった。さらに引き寄せて唇を求めた。

「いやぁ」

拒絶は形だけだった。舌を強引に吸った。女は震えながら応じてきた。数分後、女は飢えを正直にあらわしていた。口の端から涎が流れ落ちるのもかまわず、女は舌を求め、求められ、激しくあえぎ出していた。

厨房の中だった。波打つ胸の大きさを感じながら、厨房を出て客席に誘った。

「あたしを軽べつしないで」

「まさか。うれしいだけだ」

「あたし……ああ、あたし」

「飢えていたんだろう」

「あああ、ばかぁ」

否定しなかった。客席の畳に押し倒した。性急に衣服を剝がそうとした。Ｔシャツだけだった。その中はブラジャー一枚だけだった。量感のある乳房が飛び出した。たまらず舐めあげた。

「だめぇぇぇ、人が、人が来るかも……」

確かにその不安はある。周辺は熟睡している時間帯でも、町帰りの若い酔っぱらいがラーメン欲しさに、明かりが消えていても戸をたたくことがある。

「いいんだろう」

ネジじかけの人形のように、女はガクガクと首を振りうなずいた。

「よけいなことは省くから」

「そうして。あたし、もう、だめぇ。十年ぶりなのよ。あたし、もう止められない」

覚悟して来たのだ。それがよくわかる。十年ぶりだと言った。その十年ぶりの相手に選ばれたことがうれしかった。短パンと一緒に下着を脱がせた。

女の匂いが、もあんと立ちこめた。フェロモンが凝縮していた。指を運んだ。乱暴に二本まるめて突き入れた。洪水だった。

「あっ、あああ」

過敏になりすぎていた女体が震えていた。腰と尻が分身を求めて不規則に揺れ動いていた。急いで白衣のズボンを脱いでのしかかり、穴口にあてがった。一瞬にして根元まで呑みこまれた。女はすぐに両足を尻にからめ、自ら腰を突きあげる。

ぐっしょりと濡れて油断するとはずれそうになるのに、中はすばらしく狭かった。襞がからみつく。男根から垂れるふたつのしわ袋まで呑みこもうとでもするかのように、女の肉びらが大きくうごめいていた。はじめて味わう感触だった。

「す、すごい。おまえのベッチョはすごい」

「いやん。ベッチョだなんて……ああああ」

女は白目をむきかけていた。大きく息をくり返すたびに、鏡もちのようなふたつの乳房が荒々しく円を描いて揺れていた。

限界だった。

「で、出そうだ」

「ちょうだい。あああ、ちょうだい……うわぁぁぁぁ、中であなたのが、あああ、また大きくなったぁぁぁ」

放っていた。ナマで。

まだ女は四十歳。妊娠を懸念したが、もう止められなかった。女は絶叫したいのを堪えていた。背中に爪が食いこんだ。夢を見ているような出来事だった。爪のひっかいた痛さが、現実を実感させた。

翌日はウニの解禁日で、周辺に人はいなかった。子供たちも含めたほぼ全員が、浜に集まり、ウニの出荷準備に余念がない時間帯だった。

そこに女が現れた。人影は見えないとはいっても、大胆な行動だった。店はまだ開店前だった。昨夜の幻のような交わりを思い出し、年がいもなく朝から弱々しくではあるけれど勃起させていた。

女が顔を出したのはそんなときだった。はにかんでいた。玄関の戸を閉めて近づき、唇を求めてきたのは女のほうだった。それを受け止め、舌を存分に味わった。弱々しく勃起していた分身が頭をもたげた。女は下腹あたりにそれを感じたようだった。

「今日はウニの開口で、勤めを休んで親類のウニ剝きを手伝っているの。いま休憩だから、すぐに戻らないと……」

淫らに輝く眼で見あげてくる。

「大丈夫なのか」

「わからない。でも、我慢できなかった。だって、もう火がついたんだもの」

女に迷いはなかった。前にしゃがみ、手ぎわよくズボンを脱がせ、勃起している分身をいきなり口に含み、猛然としゃぶりはじめた。ちらっと見あげる眼と、しゃぶりまくる口もとがはしたないほど卑猥だった。

持たなかった。

「口の中に出すぞ」

たった一度の交接が旧知の男女のように遠慮を棄てさせていた。女は頰ばりながらうなずいた。午前中、いつ誰が顔を出すかもしれない。のれんを出す寸前の店内で急速に高ぶった。

「出る」

短くうめくと女は腰を引き寄せて深々とくわえ、のどをひろげた。

ドクドクドク……。

じかに食道に礫となって放たれているような白濁液を、女はむせながら飲み下していた。目に涙がにじんでいた。

何度も放ち、解放された。しぼんだ分身の先に垂れる一滴を、女はいとおしそうに舌に乗せ、舐め取った。

そして、服装を整えた。

「俺だけでいいのか」

「いいの。時間がないし、いまはあなただけ喜んでほしかったの」

「今夜も会いたいな」

「あたしも、ゆっくりと味わいたい」

「俺の女……そう思っていいのか」

「うれしい。あたしをいっぱい愛して」

それから三年、女はバイブも受け入れて、さらに妖艶になった。

「あれから三つも年取って、あたし、ベッチョ見せるの恥かしい」

「おまえのベッチョは、ますますいやらしくなっているよ」

私はアワビの踊り焼きのように乱舞する分厚い花びらに分身を包まれながらささやいた。交わるごとに相性を感じる女を、もう手放すことはない。

# 飲み屋の女

無職（大阪府・五十六歳・男性）

あまりに生々しく、書くこともはばかられるような気もするが、とにかく最近のことだ。

ダイニングテーブルの上に女文字の手紙と書類が置いてあった。手紙には、

「あなたは永遠の少年。自由に生きて」

と書いてあった。書類は離婚届。数年連れ添った女房が出ていった。俺は五十代半ばで無職。そこにバツイチの称号が加わった。ま、今の俺じゃあ仕方がない。むしろ、長い間ありがとうの気持ちだ。

少し前まで俺はちょっとした企業の、ちょっとした幹部社員だった。専務に大事にされ、順調に出世していたが、経営陣どもが権力争いをはじめ、俺がついた専務の失脚で俺も立場を失った。

専務の不利は明らかだったが、俺は長く目をかけてくれたその人を裏切れなかった。

女房はそんな俺のことを、

「あなたは無駄に義理がたいねん」

と言った。その頃から愛想をつかしていたのだろう。うまくやればヒラの取締役くらいにはなり、定年になればたっぷりと退職金をもらい、系列会社の顧問にでもなる。それが俺の人生設計だったし、女房もそう望んでいた。

それがどうだ。落ち度もないのに、あっという間に無職だ。あげくに求人サイトで探した小さな会社で、ふたまわりも年下のやつらにこき使われている。

「やっぱり、おっさんは使えへんなぁ」

うるさい。でも、その言葉をグッとのみこむ。

「あははは。若い人には、かないませんなぁ」

そう言って卑屈に笑う。

　漬物おけに塩振れと母は産んだか
帝大出のエリートで、己の鬱屈した気持ちを詠んだ自由律俳人、尾崎放哉《おざきほうさい》の句が頭をよぎる。おもしろくない。

収入はサラリーマン時代からかなり減った。それでも酒は飲みたいから、仕事帰りはいつも安い立飲み屋に寄る。駅近のよくはやっている店だ。

希和子《きわこ》はここのパートタイマーだ。大柄で大ざっぱな印象だが、まあ、ギリギリ美女の範疇といってもいいだろう。

タレ目だが魅力的な黒目で、厚い唇がそそる。なによりカラダがいい。パンと張った量感のある胸、そしてジーンズ映えする大きめで形のいい尻。

教養はなさそうだが、愛嬌はたっぷりある。

「おおきに、また来てなぁ」

声が無駄にデカい。年は三十代後半だろうか、いや四十代にかかっているかもしれない。コの字のカウンターの中でよく働く。

「はーい、お待ちどうさまぁ」

カウンターごしにツマミを出す際、胸がカウンターにちょっと乗るカタチになる。半袖の袖口から腋がチラッと見える。おっさんどもの視線が刺さる。

「へっ、ブラジャー、ピンクやんけ。若いのぉ」

オヤジがぼそっとつぶやく。

流し台に向かって洗い物をすると、客のほうに尻が向く。客たちは遠慮なしに、その尻に視線を向ける。

コの字のカウンターの中で、アラフォー美女はよく働く。希和子の尻が皿を洗う動作で小刻みにゆれると、グラスを持ったまま下あごを突き出してガン見するおっさんがいる。ときおり、流し台の下のなにかを取ろうとしゃがむ。おっさんどもの視線がさがる。まるい希和子の尻は、何人もに視姦されるのだ。もちろん俺もそのひとりだ。

「なんちゅうケツしとんねん」

あかじみた作業服の男が濁った声で言う。

「あはは、突っこみたいわな、ぐいぐいと」

隣のベレー帽のじいさんが応える。

あんた、どうしたってもう勃たないだろう……でも、すこぶる同感だ。

俺は昔から、ときどきこの立飲み屋に来ていた。いいスーツを着てカウンターに肘をつき、こういう安い店で酒を飲む楽しみしかない人間をにらみつけ、優越感を楽しんでいたのだ。

思えば愚かな話だ。今、俺はこのおっさんら以下かもしれない。収入でも社会的な地位でも、なにより人間性において俺はこの人たち以下だ。人を見下す卑しい心が捨てられない。

会社の看板がなければ半人前やないか。

そういう事実を突きつけられている。くそおっ。

「おい、ハイボール、濃いめ、濃いめ！」

「へいよぉ、ただいま！」

残念ながら若い男のバイトが返事する。おまえ、ちゃうねん。俺は顔をしかめてグラスを舐め、鼻歌で洗い物をする希和子の尻を見て、のどの奥でつぶやいた。

「なんちゅうケツしとんねん。突っこみたいな。指、入れたろか、ほんまはぁ。思うだけではつまらん話や。とにかく金がない。金がない五十男に女気はない。金のない俺は、金のかからないストレス解消法を見つけないと身がもたない。そんなとき、銭湯通いの幸せを見つけた。帰宅途中の古い銭湯に寄って、広い湯船にゆっくりと沈む。

なかなかええやないか。銭湯の向かいの酒屋で缶ビールを買い、西日を浴びて道端であおる。それでいちおうオーケーだ。最近、オーケーのレベルがさがっている。こんな人生でいいのか。あと二十年はあるぞ。わからない。どうでもよくなってきた。

このあたりは大学や市民病院の看護師寮があるせいか、意外に湯あがりの若い女を見かける。

たまには広い風呂に入りたいのかもしれない。

下着の線もあらわにTシャツやショートパンツで歩く女たち。その後ろに、ほのかな湯の匂いがたなびく。俺はそれをさかなに缶ビールをあおる。

夏が来たわ。ええなぁ。もう一本、飲もう。誰もいない家に帰るのはいやだ。

あれ、あの女、希和子やないか。オレンジのタンクトップにスエットパンツ。尻の形のよさがわかる。

希和子はのれんをくぐって銭湯に入っていった。

ふうん、あいつ、この近所やったんか。缶ビールを中指と親指で挟み持つと、やさぐれた気分になる。その気分で希和子が脱衣していく様を想像する。

タンクトップを脱ぎ、手を後ろにまわしてブラをはずすと、たっぷりとした乳房が現れ、片足ずつスエットパンツから、ショーツから足を抜いていく。白い尻がまる出しになる。女湯の大きな鏡に姿を映して、乳を下から持ちあげて、形を確かめる。

俺は自販機でもう一本、ビールを買った。そして湯船につかる希和子を想像しながら飲んだ。

希和子が出てくるのを待とう。偶然を装い、その辺の飲み屋に誘ってみよう。

もうすぐ日が沈む。あわよくば暗くなった街の物陰で、あの尻でも触ってやろう。

そう思って待った。なんかセコいなと自分でも思う。

女の風呂は長い。酒店のオヤジがこっちに不審な目を向け出した。おまえみたいなむさ苦しいのがおったら商売の邪魔や。そういう目だ。ほっとけ、あほんだら。

四十分たって、ようやく希和子が出てきた。

「あっ、希和子さん？」

俺はあくまで偶然を装い、声をかけた。

「はい、そうですけど……どちら様？」

あっ、そうなん。俺ってその程度の認識なん。

「ほら、お店で何度も会うてるやん」

「あっ、こーちゃんさん。小谷《こたに》さん。偶然すぎてわからへんかったわ、ごめんなぁ。

わぁ、こんな格好で恥ずかしいわぁ」

「そうや。はは、やぁ。ははは。ほんま偶然やな。この辺に住んでるん？」

「そうなんですよぉ。この先のマンションやねんけど、お風呂が壊れてしもて……」

ほお。そりゃあ、まさに千載一遇だ。

「な、せっかくやし、ま、ちょっと、その辺で湯あがりのビールでも飲まへんか」

「えっ、いえ、化粧してへんし、旦那が待ってるんで……」

なんや希和子、おまえ旦那持ちかいな。

でも、俺は希和子の湯桶をひったくるように奪い、

「ええやん。一杯つきあいーな、おごるし」

と誘った。

「うーん。はい、ほんま一杯だけですよ。ほんまにほんまに」

口ではそういうものの、希和子の目の奥にはちょいと淫らな光があった。男も五十半ばになれば、女のサインは見落とさない。これはいける。案外にいける。

適当な安酒屋に入った。

「お兄さぁん、大瓶もう一本」

希和子、もう七本目やないか。なにが一杯だけや。こっちの財布が心配や。

旦那の愚痴を言いながら、杯を重ねていく。

旦那とはいうが、籍は入れてない気がした。勤め人でもなさそうだ。カウンターで並んで飲んでいる間、希和子は素肌の露出した二の腕を俺の二の腕にすり寄せる。湯あがりの適度な湿り気が心地いい。

思うツボや。店から出たあと、近くのマンション解体現場に出た。街灯も消えている。そこで唇を求めたら、抵抗なく体を寄せてきた。そして、希和子のほうから軽く舌を入れてきた。それでも一応は言い訳がましい。

「困ります、やめてください」

呼吸は荒く、希和子が欲しているのは明らかだった。タンクトップの上から胸の頂点を中指で押す。硬くなっているのがわかる。触ってほしいと訴えているようだ。

「あ、あの、今日はもう、あかん、あかん」

そうは言うが、俺の肩にまわす指先が官能的に円を描き、ときおり力が入る。

「なにがあかんねん。ん？」

「あの、あの、もう帰らな、あ、ああ」

唇を舐め、俺の前にひざまずきそうだ。俺は興奮し、飲んでいるわりに硬くなっているのを確認した。抱きしめながら、その硬さを希和子に押しつけると希和子の腰も押し返してくる。

「あうん、あふ、もういやや。我慢できひんやんか」

「したいんか。ん？」

「ああ、したい。して……」

俺はタンクトップの裾から手を入れ、乳首に触れてやった。

希和子がピクンと反応する。おお、量感のある乳房。すべすべした肌の感触がそそる。ナマの女。希和子も俺に触れてきた。俺の股間に手のひらをあてて、指をねっとりと動かす。

「なあ、してぇ。しよぉ」

手を胸から、腰へ。スエットの上から尻を撫でまわしてから中へ手を入れた。立飲み屋のおっさん客ども垂涎のケツや。尻の割れ目に指をはわせると隠毛の感触があった。尻の穴のほうまで毛深い。指を後ろから前へ、中指を曲げる。

「いや、あっ、んんっ、そこぇ」

もう、充分に湿っている。明るいところで見れば、スエットに染みができているに違いない。

幸い、横は大きなマンション解体現場だ。誰も来ないはずだ。

俺は希和子を遮音幕の陰へ押しこみ、尻を向けさせ、スエットパンツを引きおろした。じっくり見たいが、なにせ暗い。それでも白さとデカさがわかる。

「はぁ、あっ、いや、恥ずかしいですぅ……」

そう言いながら尻を突き出しているやないか。しかも、ちょっと足をひろげやがって。ここにどうぞ、そういうポーズだ。

俺もズボンをおろして希和子の尻にあてがうと、自分で尻を押しつけてきた。

「くっ、あっ、あふぅっ、あはあ、いいっ」

俺もぐっと腰を入れると、ぬくぅっと入った。下腹が希和子の尻肉に密着する。なんて尻だ。弾力がいい。中もいい密着感だ。

「ああん、入ってるやん。めっちゃええ。もう、めっちゃええやん。あっ、ああん」

短い声を出しながら、希和子は自分で小刻みにリズムを作ってくる。

俺はタンクトップをたくしあげ、後ろから乳房をつかんだ。

重いぞ、重い。最高や。ホールドしながら指で乳首に触れる。

「あっ、いやん……」

ピクン。右が感じるようだ。

指の爪で軽くかいてやる。希和子は充分に反応し、少し大きく腰を刻みはじめる。その刻みに合わせて、俺も大きなストロークで抜き差しする。

「ああ、きてる。んん……」

徐々に動きが合ってくる。リズムが一致してきた。希和子のやわらかな腰を強くつかみ、後ろからぐいぐいと突く。抜く。突く……。

「いやん、いやん。ああ、ああ、すごい……」

湿った音を立てながら、自分から腰をぐいぐい動かす。暗さに目が慣れてきた。尻の穴もまる見えや。白い尻が動く。

「いやぁん、もう、ああ、すごい、いい……」

希和子は声がデカい。つかんでいる防音幕の柱がギッチギッチ鳴る。誰か来ないか。気にはなったが、いまさらやめられるものではない。ああ、しびれるような暴発感がきた。ああ、もう、あっ、出る！

必死の思いで俺は希和子から一気に引き抜くと、ビチッと音がするほどの勢いで尻から腰にぶちまけた。

「ああ、かけて。あっ、出たっ、うぐぅ……」

くぐもった獣の声を発して、希和子は膝から落ちた。暗がりに呼吸音だけが鳴る。

カラカラカラ……。

どこかで窓を閉める音がした。希和子は無言で簡単に衣服を直すと、そのままよろけるように早足で帰っていった。

翌日、俺は夕方に起きた。少し頭が痛い。着替えて立飲み屋へ向かう。今日はそれしかすることがない。昨夜、希和子はわれに返って、怒って帰ったのだろうか。気にはなる。のれんをくぐると希和子がいた。

「あっ……いらっしゃい」

ちょっと戸惑いがあったものの目がやさしい。よかった。そこからはいつもと一緒だった。相変わらず胸も、なにより尻がおっさんどもの視線を集めている。

（俺はゆうべ、その尻をな、いただいたんだ）

これは優越感を持っていいだろう。ハイボールを二杯飲んだ。

「帰るわ。おあいそ」

「はーい、おおきに」

希和子が男のバイトを遮るようにして、俺に伝票をさし出す。そこには小さく電話番号がついていた。すぐにでも電話したかったが、なんとなくはばかられ、結局、連絡がついたのは三日ほどしてからだった。

翌日、希和子が指定した居酒屋に出かけた。

「ふふ。お久しぶり」

「ほんの数日やないか。きょうは休みか」

「ずる休み。きょうはな、旦那がおらへんから。へへ。会いたいなって思って」

なんやねん、えらいなれなれしいやないか。

それにしても希和子の旦那とは何者なんだろう。希和子自身はその旦那に強い不満を持っているようで愚痴をこぼしまくるが、年齢も含めて一向にその正体がわからないのだ。

まあ、そんなことはどうでもいいのだ。俺は胸のデカい、形のいい尻をした大柄なこの女を抱ければいいのだ。

前回は着衣で立ったままだった。周囲も気になった。それでもしびれるような快感だった。今度はこのカラダの量感と質感を思う存分、全身で味わいたい。貪り合いたいのだ。スキモノに違いないこの女と。

「なあ、もう出ぇへんか。なあ？」

唇の結びをゆるくして、希和子はそう言った。この辺に一件だけの場末のホテルに入る。場所はどうでもよかった。

饐えたような臭いのバスルームで俺たちはからみ合い、希和子はシャワーに打たれながらひざまずき、熱い厚い唇で俺のものを頬ばった。

んぐっ、んぐっ、ちゅぷ……。

淫猥な音。上から見る尻の形もいい。早くそのブラウンのあたりに突っこみたい。

しかし、希和子はもう一心不乱と言っていいほどに、俺のものをくわえている。気持ちがいい。出そうだ。でも口ではなく、希和子の全身を味わい、奥で出したいのだ。

さあ、もういいだろう。今度は俺に自由にさせてくれ。

陶酔しているような希和子を立たせる。

「んんん、もうちょっとぉ」

もういい。濡れたままでベッドに転げこんだ。灯をつけたままだ。

「いやぁん、もう……」

そう言いながらもカラダを延べ、受け入れ態勢をとる。この女の行動は正直だ。延べた体に年相応のたるみの生々しさがあった。

はじめてのときはマンション解体現場で、急ぎ立マンで暗くてあまり見えなかったが、今回はよく見える。

重量感のある乳房は、案外なほどに白く形がいい。その頂上には大きめの乳輪に乳首。ヘソの横にホクロがある。俺はのしかかり、乳首を吸いながら、濃い陰毛をかき分け、ぬかるむ部分を探し当てる。

もう、とろとろやないか。内股まで蜜が伝っている。

「あっ、もっとギュッて……あっ、指、あっ、いい……」

俺の指は根元まで入り、さらに肉の弾力を押して限界まで奥に達している。

指を曲げ、こねる。

「あはぁん、いや。あっ、あっ、そこ、そこ……」

声が高くなって、もう恥がなくなってきた。よほど欲しかったのだろう。腰からやわらかな腹が波打つ。

俺にはあらたな欲求が生まれた。別の方法で蹂躙したい。指を抜くと、そのままさらに下へ。尻の穴のほうを触る。もう、ここも充分に濡らされている。

湿った指をあてがうと、希和子はピクンと反応したがいやがらない。もう、開発ずみらしい。指は軽い抵抗を突破し、第二関節まで入っていった。

「あっ、ぐっ、ちょっと、あっ、いたい……あっ、でもいい……いいねん、あん」

尻の穴が俺の指を甘噛みするようだ。そのままで乳首を吸ってやる。

「もう、ああん」

希和子はくねりながら左手で俺のものを求め、握りさすり、自ら導こうとする。尻に指を受け入れたままだ。

「なあ、もうこれ、入れていい？　入れてほしいねん。なあ、入れてぇ。早くぅ」

俺もだ。少し姿勢を直し、希和子の足の間に入りこみ体重をかける。

言葉にならない進入感覚が脳髄をしびれさせる。奥へ、一ミリでも奥へ。

体を密着させて、限界まで進入する。ああ、なんという抱き心地。

とろみのあるボリュームがたまらない。

「ああ、あっ、ああん、あっ、もっと来てぇ」

希和子も俺のすべてを貪ろうとする。腰の動きが波のようだ。リズムが合ってくると、女と交わっている官能が支配してくる。

すごいカラダ、すごい交わり、最高や。痛いような射精衝動を我慢できず、希和子の奥にぶちまけた。

「いやん。ああ、出ている。ああああう、きゃぁ、あう、あう、きゃあぁん……」

甲高い声をあげ希和子は目を閉じ、荒い息のまま動かなくなった。俺も動けず、希和子の上に重なって放心していた。

遠のく意識の中で思った。希和子とつきあいたいと。

翌週のことだ。立飲み屋に来てと、希和子から連絡があった。行ってみると、希和子が飲んでいる。今日は客なのか。

「どうした。なんや、今日は」

「ちょっとな、オーナーさんが話をしたいねんて」

オーナー？

「やあ、小谷さん、いつもおおきに」

「あっ、あんたは……」

ベレー帽。客としてよく顔を見るじいさん。希和子の尻を見て「突っこみたい」とか言ってるじいさんやないか。このじいさんが、この店のオーナーか。

「希和子がな、世話になりましてすんまへんな。偶然とはいえ、かわいがってもろうてね。こいつも喜んでますわ」

あっ、こいつ、しゃべったのか。希和子の旦那って、このじいさんか……。

あはははは。俺は笑いを堪えられなかった。どうせ金ずくで囲った妾だろう。あは
は。そりゃあ、こんなじいさんが旦那じゃあ、女ざかりの希和子はたまらんだろうな。

「で、オーナーさん、俺になんですか」

「ちょっと、来てくださいな。ん、来てや。ここでは話せん」

バックヤードを抜けてゴミの集積場へ出た。希和子はついてこない。

はっきり言って怖い。

バシッ！　ドスッ！

顔面と腹に二発食らった。

若いやつだ。いつも希和子と働いている若いやつらしい。動けない。地面に膝をついて動けない。

小心者の俺は心底ビビっていた。殴られるのはいやだ。謝ろう。このまま土下座しよう。許しを請おう。金ですむか。十万円くらいならなんとかなる。そんなことが頭

を駆けめぐった。

「これで終わりや。心配しなや。希和子にもな、浮気ならかまへんって言うてある。でもな、あんたにのめりこみそうや。私もな、あの女をまだ放しとうないんや」

オーナーは去っていった。

俺は怖くて、痛いふりをして地面にはいつくばっていた。

立飲み屋には行けなくなり、数カ月がたった。店には行かなければいいだけだが、また希和子をめぐる新たな問題だ。

「デキたみたいです」

希和子からのショートメール。

あの晩の……。

小心者で優柔不断な俺だが、今度だけは男を見せないといかんようだな。残りの人生、新しい道が開けるかもしれない。

# 白蛇を踊る女役者

会社役員（埼玉県・六十九歳・男性）

俺が三十歳で独身の頃、祖父母のダイヤモンド婚のお祝いで、一緒に温泉にくり出した。ちょうどそこに、旅まわりの田村新之助《たむらしんのすけ》一座が公演していた。芝居好きの祖父母のお供で出かけたが、そこで一座の女優、田村錦秋《きんしゅう》にひとめぼれした。

錦秋は新之助の妻で三十歳、身長百六十五センチの細身、やや面長でロングヘア。誰からも好かれる感じのやさしい目で、人柄のよさがすぐにわかった。

錦秋は『白蛇伝《はくじゃでん》』の白蛇の精になって、妖艶な舞踊劇を見せた。古くなった白い絹の衣装をまとって、白髪の長いかつらをかぶっていた。殺され役の若い男優をねっとりと抱きしめて、その精を吸い取るのが凄絶だった。

俺はひそかに勃起して、妖艶な錦秋に見とれていた。祖父も「錦秋には『玲瓏《れいろう》たる美人』という形容がぴったりだ」と褒めていた。それで翌日に祖父母が一座を旅館に招請して、俺は白蛇伝をリクエストした。

「私の一番の自信作をわかってくださって、本当にうれしいです」

錦秋が俺の両手を取ってくれたから、腰がゾワゾワッとした。近くで見て、その美貌と人柄のよさにほれ直した。

芝居が終わって宴会になって、一座の舞台での失敗話に祖父母は大爆笑をつづけた。一座へのご祝儀は、ダイヤモンド婚のお祝いもあって大盤振舞《おおばんぶるまい》で座員は狂喜した。俺も錦秋に「古い衣装を作り直してください」と多額のご祝儀を出した。

錦秋は「衣装にまでお気遣いいただいたのは、はじめてです」と感激した。これで旅興行はめでたくお開きになるはずだったが、翌日一座に悪夢が襲った。

新之助が一座の有り金全部を盗んで、十八歳の看板娘と一緒に逃走したのだ。

錦秋は驚愕して、善後策と金策に奔走したが無駄だった。疲れた体を引きずって、頼める義理のない俺のもとにやってきた。

「こうなったら一座を解散するしかありませんが、座員への解散金がありません。それで誠に厚かましいのですが……」

一座の舞台道具を質草にして、解散金を貸してくれと頼まれた。しかし、舞台道具はガラクタで、それに貸しても返済は期待できそうもない。そこはほれた弱み。

「うまくいけば、錦秋の体をねらえるかも」

ゲス根性もあり、結局貸すことにした。錦秋は大喜びして、借用書を持ってきた。

その夜、ひとりだけ温泉に残っていた錦秋と酒を飲んだ。

「新之助の持ち逃げは二度目なんです。お金を使いはたして、看板娘にも逃げられたら、また私の許に帰って来るでしょう」と、錦秋は言った。それに新之助とは入籍していないから別れると語り、芝居からの引退も口走った。俺は借用書を破いて「またいつか、白蛇の精を見たいですね」と頼んだ。

錦秋は俺の両手を取って「お金は必ずご返却いたしますから」と言った。

俺は感激を装い、それに乗じて錦秋を抱きしめようとしたが、うまく避けられた。


温泉から帰って二カ月後、錦秋が元座員の若い男を連れて俺の会社を訪ねてきた。元座員の再就職が難航していたので、最後に俺を頼ってきたのだ。

運転が得意というので、俺はすぐに電話で就職先を決めてやった。元座員は大喜びで帰っていき、錦秋は呆然としていた。再就職の苦労を電話一本で解決したからびっくりしたのだ。

「旦那様のお力はすごいです。感服つかまつりました」

旅まわり一座は興行の勧進元を旦那様と呼んでいて、錦秋はそれからも俺を旦那様と呼びつづけた。

錦秋も帰ろうと立ちあがったときに、急に「ウゥッ」とうめき、腹をかかえて転がった。びっくりして救急車で病院に運ぶと、そのまま入院の絶対安静になった。神経性の十二指腸潰瘍で、今までの無理と心労がたたったようだ。俺は仕事帰りに見舞って、錦秋の下着やパジャマは看護師さんに買いそろえてもらった。

錦秋はたび重なる面倒と、入院費のことでひたすら謝りつづけた。

二十日後に退院できたが、まだ安静が必要だった。錦秋が行く当てがないと言うから、喜んで俺のマンションの部屋に連れ帰った。

ねらいはもちろん錦秋の体で、身近にいればチャンスも大きくなるはず。錦秋は俺と別室で十日間静養して、なんとか完治した。だが錦秋は俺に感謝しながらも、スキを見せなかった。

入浴と洗濯は俺がいない昼間にやって、下着も自室に隠して干した。ただ炊事、洗濯、掃除で懸命の恩返しをしてくれた。

錦秋は職安にも毎日通ったが、十五歳から芝居だけの人生に合う仕事はなかった。履歴書の書きかたも知らなかったから、俺が代筆した。しかしつじつまの合わないことが出てきて、錦秋の本当の年齢が、公称より三つも上の三十三歳だとばれた。

「本当に、申し訳ありません」

錦秋は米つきバッタのように、頭と両手をさげた。俺はびっくり仰天だが「役者なら、よくあること」と苦笑で受け入れるしかなかった。

ただこれで錦秋の心の重荷が下りたのか、次第に朗らかになった。俺も年上女性が大好きだから、安心して甘えることができた。

錦秋に生活費の現金とクレジットカードを渡して暗証番号も伝えたら、堅実に切り盛りしてくれた。

そして俺への思慕が肉体の交わりにまで高まるきっかけが、意外なことに休日の朝風呂だった。

俺は昔から、窓からの陽光を受けた朝風呂が大好きで、休日の遅い朝に楽しんでいた。ある朝、俺の入浴後に錦秋がそれまでの羞恥心を捨てて入浴した。

浴室から出てきたとき、錦秋の白い肌はお湯で少し火照って、俺は内心で「本当にいい女だ」と感嘆した。

明らかにブラジャーを着けていない胸が、浴衣からきれいに盛りあがっていた。そのときの俺もパンツ一枚の浴衣姿で、高級ワインと錦秋の好きなさかなを用意してい

た
「旦那様にこんなことまでしていただいて、ありがたいやら恐ろしいやらで震えます」

「たまの日曜日、ゆっくりぜいたくしましょう」

「はい、お言葉に甘えさせていただきます」

錦秋はすぐにワインで酔って、浴衣が乱れて乳房の上半分が見えた。この俺はドキドキッとなって、股間でモゾモゾッと勃起した。

錦秋は俺の視線に気がついていたが、なにも言わず乳房も隠さなかった。

「旦那様」

「はい？」

「以前に、私の白蛇伝をまた見たい、とおっしゃってましたよね」

「はい、言いました」

「……これから、踊りましょうか」

「本当ですか。いよっ、待ってました、いい女。投げ銭ご祝儀をはずみます。日本一。女大統領。本当にいい女」

「もう、大仰なお世辞ばっかり。でも、役者はお世辞に弱いですから。はい、一生懸命、努めさせていただきます」

錦秋は目を閉じて浴衣を整えてから、白蛇の精になって舞った。

白衣でないから少し違和感があったが、すぐに夢幻世界に引きこまれた。浴衣の下の乳房が少しユサッと揺れたが、俺は内心で「乳首と浴衣がすれて、興奮しているかな」と勝手に気をもんだ。踊りの終わりに、舞台と同じように俺を殺され役の若い男に見立てた。錦秋は俺を抱こうとしたが、その顔に表情がなかった。

「……旦那様」

「はい？」

「旦那様ぁ」

変に裏返った声と両手で俺を抱いた。

「ん？」

俺は踊りのつづきだと思っていたが、そのままそっと後ろに押し倒された。

「なに？」

錦秋は浴衣を脱いで、それで俺と錦秋の上からかぶせて体を隠した。

これは舞台での演出で、観客には衣装で男と女のからみが見えないから、淫靡な想象を誘うねらいだ。

俺も演出と思ったが、ふたりしかいないからそんな必要はないはずだ。錦秋が恥ずかしくて、照れ隠しでやったのだ。

錦秋の乳房は形のよいまんじゅう形で八十三センチくらい、少し垂れても元気な張りがあった。乳首は小さく薄茶色でツンッと突き出て、乳輪も茶色でまるかった。下半身は、なんの変哲もない白いショーツだけだった。

錦秋は俺のあごを少しあげて、唇にそっと唇をつけた。

「ンッ」

のど奥からうめき声が出た。

錦秋は両手を俺の首にまわして、静かなキスをつづけた。錦秋の乳房が俺の胸に当たって、両膝の裏側がゾワゾワッとなった。

「旦那様ぁ」

「ん？」

「大好きです。本当に大好きです……お情けをください」

「えっ……あっ、はい」

お情けの意味がわかって、グワッと勃起した。

錦秋は左手だけでショーツを脱いで、俺の浴衣とパンツも脱がしてくれた。

勃起が勢いよくビローンと跳ね出て、錦秋がびっくりした。

「大きなお道具……お情けをちょうだいします」

右手で勃起を握って亀頭を膣に当てた。深呼吸をして腰を落とそうとしたが、その前に思わず声が出た。

「旦那様、私を、私を捨てないで。捨てないでくださいね」

血を吐くような声で、俺は錦秋の心情を哀れに思った。

「約束します。ずっと一緒です。結婚してください」

自然に出たセリフで俺自身もびっくりだが、嘘ではなかった。

「えっ……結婚？　エェッ、結婚ですか」

まったく予想外の言葉だったのか、錦秋の上体が揺れた。

「はい、結婚してください」

俺は再度口にした。

「…………」

錦秋の顔から表情が消えて、それからやっと息をするのを思い出した。

「……はい、あのう、結婚ですか……あっ、はい、あっ、結婚……」

驚きと疑問と希望とでごちゃごちゃになって、勃起から手を放した。

俺は錦秋を安心させるために、はっきりと宣言した。

「結婚してください」

「はい、結婚ですね、結婚ですね」

ちょっととんまな返事だったが、錦秋はわれに返って、必死に勃起を握って膣に当てた。

「お情けをいただきます。このままずっとお情けをいただきます。旦那様ぁ」

錦秋が腰を静かにおろすと、愛液が多かったらしくニュルッと根元まで入った。俺が「うっ」と、錦秋が「あぁっ」と小さな声をあげた。

錦秋は目を閉じて、あごを少しあげて、勃起の感触をかみしめて受け入れようとした。俺は勃起と膣とのピッタリ感と、ヌルヌルの温かさを実感した。

錦秋は両手を俺の胸に置いて、静かに腰を上下させたがすぐにやめた。

「お願いです。下にしてください」

「えっ、あっ、はい」

俺も騎乗位の錦秋はイメージに合わないから、錦秋を抱いて挿入がはずれないように上下を入れ替えた。

俺はここで「愛してます」と言うべきだったが、出し入れだけを静かにやった。

「ウゥゥッ、ウゥゥゥッ」

錦秋の低いあえぎ声がつづいて、どうやら仙境の快感に浸りはじめた。俺は緊張と苦しい息のまま、錦秋を悦ばせようと必死になった。

「アァッ、アッ、アッ」

錦秋のあえぎ声が早く短くなって、顔を小さく振った。

俺の射精衝動が急にせりあがってきたが、女の絶頂前は男の恥だから耐えた。内心で「早くいってくれ、はやくいけ」と念じながらピストンを早めた。

それで錦秋の快感が棒あげになったようで、あえぎ声が生ぐさくなってきた。しかし、錦秋とはじめて交われたうれしさが我慢の限界を早めた。

「しまった。まずい」

思う間もなく、ドバッと射精してしまった。

「ウゥッ」

精液すべてが尿道口を突破する快感が、たまらないほどよかった。男の快感は相手が誰でも同じと思っていたが、いとしい錦秋だからこそ味わえた満足感だ。

しかし、錦秋のほうは昇っている途中で、俺が果ててしまったので生煮えのまま。ただ精神的な充足はあったのか、両手両足でガシッとからみついてきた。

「旦那様ぁ、好きです。大好きです。気持ちよかったです。お上手です」

錦秋の生来のやさしさと、男を立ててきた人生とで俺を慰めてくれたセリフだ。

「今にきっと、錦秋によがり声をあげさせてみせる」

男の誇りからそう思った。錦秋もその日から、いつでもどこでも全裸をさし出してくれたから必死に交わった。最初は俺が焦るだけの不発だったが、なんとか十日後に錦秋は本物の歓喜で絶叫した。

どうやらこれが錦秋の、人生で最初の絶頂体得だった。昔の男たちは、錦秋を悦ばせるという発想すらなかったようだ。

それからは交わりが楽しすぎて、ふたりともセックス中毒症に陥った。俺の精液は薄く少なくサラサラになって、とうとうスカスカの空砲射精になった。

「あそこに、なにかつまっているみたいです」

錦秋も腰が抜けてのガニ股で、恥ずかしそうに言った。こんなことが一カ月ほどつづき、さすがにふたりとも落ち着いてきた。

錦秋はマンション生活もだいぶ様になり、はじめてお隣に回覧板をまわしたとき、奥様と呼ばれて感激。うれしくて部屋をスキップするほどはしゃいだ。

その奥様がとくに好きなのが、俺を膝枕にしての耳垢掃除だ。これは錦秋の亡き実母との少ない思い出らしく、実母への追慕と現在の俺との幸せを重ね合わせていたようだ。膝枕なら当然、手を伸ばしてむっちりとした太ももの奥をまさぐった。ショーツの上からの、陰毛のガサガサ感で興奮した。

「だめ。お行儀が悪いです」

手をやさしくたたかれたが、心やさしい錦秋は手を入れやすいように股間をひろげてくれた。あるとき手を伸ばしたらショーツを着けていなくて、愛液でニチャとした膣に届いた。

俺がびっくりすると、錦秋は「ウフフッ」と妖しく笑った。

小さな耳垢が取りきれずに困っているとき、いきなり口を耳に当てて吸い出した。

「やめてください。汚いでしょ」

「旦那様のですから、汚くありません」

こうまでされ、ここまで言われてはたまらない。

俺はすぐさま錦秋を押し倒し、服を剝ぎ取った。愛液を滴らせて準備万端整った淫洞へ屹立《きつりつ》した陰茎をずぶずぶとさしこんだ。

生温く、細かく刻まれた肉襞がからみつき、脳天にしびれるような快感が走る。錦秋のあえぎ声を聞きながら、分身から発射するスペルマを容赦なく蜜壺の中に搾り出した。まさに至福の瞬間だった。

錦秋は朝風呂にのめりこみ、堪能した。細身の健康な白い肌がお湯の中で揺らめいた。俺は浴槽で向かい合って内心で何百回も「いい女だ」と思いながらニヤける。淫靡なはずの陰毛が透明なお湯にゆらゆらして清潔に見える。乳房は浮力でちょっと浮かんで、おっぱい大好き男は両手でギュッとわしづかみした。

「あっ、痛いです、旦那様」

「すみません」

慌ててやさしく握り直したら、クニュッという乳房独特の感触だ。

「うぅっ」

錦秋は目を閉じて、なにか我慢しているように思えた。この乳房のクニュクニュとした感触が大好きで、もうたまりませんという愉快さだ。必死に乳房を揉んで、乳首をそっと舐めた。

「アァァッ」

錦秋は上体を少し反らせて、お湯をビチャピチャと揺らした。乳首を痛くないように嚙んだら、ちょっと硬いグミみたいだった。乳首には味も素っ気もないが、錦秋の乳首だからうれしくてたまらない。

肉体だけでなく気立てのいいのもほれ直しで、勤め帰りの俺に早く会いたいから駅まで迎えに来てくれた。雨の日は二時間前から傘とゴム長靴を持ってきてくれて、相合い傘の腕組みでゆっくりと帰った。そして予想どおりに「春雨じゃ、濡れていこう」の芝居の名文句が出て苦笑した。

晴れた日は、いつも俺のカバンを胸にかかえて歩くのが大好きだった。

それで日頃の感謝もこめて、ちょっといたずらをして、カバンに多めの書類とプレゼントを入れた。

「旦那様、いつもより重いですね」

「なぜですかね。中を確かめてください」

「はい」

真珠の、ネックレスとイヤリングと指輪の三点セットだ。

「えええっ」

錦秋は小さな悲鳴をあげて立ちすくみ、両手で顔を覆って泣き出した。

それからが大変で、帰宅から深夜まで錦秋のキス攻撃を受けて、全身のキスマークが消えるのに一週間かかって往生した。錦秋はそのあといつまでも、真珠姿を鏡に映して飽きなかった。

錦秋はこんな生活に惑できしきっていたが、やはり役者の心根と所作は簡単に抜けきれるものではなかった。

錦秋が真夜中に、居間でひそかに舞っていたこともあった。それにドサまわり当時の悪夢、興行初日に観客がゼロで会場がスカスカの恐怖をくり返し見ていた。

明け方にそんな悪夢から目覚めて、一瞬状況がわからずに困惑した。そして夢とわかって、俺が横にいることに心底ほっとした。それから子猫が大好きな飼い主に甘えるように、ゴロニャンと俺の胸の中にまるく入ってきた。

「旦那様ぁ」

「なんですか」

「私を捨てないでくださいね」

三十三歳の女性とは思えないかわいい声でシナを作った。俺は抱きしめて言った。

「いとしくて、食べてしまいたいよ」

「私は旦那様のものです。遠慮なく、お好きなように食べてください」

「それじゃあ、まあ、好きなだけ」

唾を飛ばす暴力的なキスをして、大好きな乳房をガシッガシッと握って揉んで、錦秋に激痛の悲鳴をあげさせた。

一方で錦秋らしいアホな失敗もあって、浴室で生い茂った陰毛を見て「しまった。剃るのを忘れていた」と勘違いをして剃ってしまったのだ。

昔の旅興行の女役者は、剃毛して清潔にすることがあったらしいのだ。女の膣は汗、経血、小便の拭き残しにオリモノで不潔になりがちだ。錦秋も旅興行中は剃毛していたのだが、今や必要がないから生い茂っていたのだ。

錦秋がワインで酔って「今は必要がないのに、剃ってしまいました」とついポロっとしゃべって笑った。

俺はスケベーの狒々《ひひ》おやじまる出しで、錦秋の股間を見つめた。

「えっ、旦那様、その変な顔はなんですか」

「お毛々を剃ったのですか。それはぜひ見たいですね」

逃げ態勢の錦秋を強引に引き寄せて、スカートとショーツを脱がそうとした。

「やめてください。旦那様は変態です」

いつもは喜んで全裸をさし出してくれるのに、両手で股間を隠して抵抗した。しかし結局、俺はパイパンを半狂乱で舐めて、錦秋もはじめて舐められて絶頂を得た。

「次にお毛々を剃るときは、俺がやりますよ」

錦秋に約束させた。

錦秋は「旦那様の変態、スケベー。でも、大好きです」と言った。

こんな情愛をひとつずつ重ねて、錦秋との結婚を本気で具体的に考えた。

錦秋も「本当に私でいいのですか。旦那様が望んでくださるなら、結婚したいです」と言ってくれた。

しかし、ふたりとは関係のない、錦秋の今の境遇が最悪の結果をもたらした。

その頃の俺の部屋はもとの新之助一座同士と、ほかの劇団との連絡場所になっていた。みんなが錦秋の人柄を頼って、錦秋もみんなの世話を焼いていた。そこでは当然、さまざまなニュースを錦秋に伝えた。ある日、錦秋が急に姿を消して、書置きが残されていた。

「元夫の新之助がアルコール性の肝臓病で苦しんでいますから、看病したいのです」

さらに血を吐くような俺への愛情と感謝がつづいて、文末を「祖父母様を大切になさってください」と結んであった。

錦秋は自分の幸せより、瀕死の元夫の看病を選んだのだ。

俺は錦秋の居所をつかむため、温泉や大衆劇団の公演地を必死に調べまわった。だが結局わからず、興信所も無駄だった。

それから一年がすぎた頃、錦秋から手紙が届いた。

「新之助が亡くなりました。最後まで看病できたので満足です」とあった。

手紙には住所を書いていなかった。錦秋の心情と覚悟が見て取れた。錦秋を捜すのをあきらめて、関係は完全に終わった。

# アナニーに捧げた青春

僧侶（神奈川県・四十一歳・男性）

アナニー。英語で書けば〝Ａｎａｎｉｅ〟だろうか。今、この言葉の意味を知っている必要はない。また、ネットで検索しなくてもよい。以後、読み進めていけばわかるからだ。

私は体も心もすべて男で、異性愛者である。しかし、幼少期より女性の服や下着に並々ならぬ関心を抱き、十代で完全な女装趣味者となった。

中学や高校で仲のよかった女子の先輩の制服やスクール水着を着させてもらい、鏡の前でうっとりしたり、その先輩の勧めで女子として通用するほど髪を伸ばしたり、化粧の仕方を覚えたりと、それらの努力は今考えても涙ぐましいものがあった。

高校卒業後、家を出てからは、私の女装趣味と女性化願望はさらに加速してゆく。

パステルカラーのかわいいタンスの中には、女性用の下着が男性用のそれを数が上まわり、日々それらを身につけては肌触りを楽しむ。そして鏡に自身を映しては、その姿をオカズに怒張をしごいてオナニーに没入する。最高に至福の時間だった。

だが、ここで疑問が生じる。

いくら女の子そのものになりきっても、レースのショーツのビキニラインから男性自身を取り出してシコシコするしかないのなら、ザーメンくさい男子中学生となんら変わらない。

なんて汚らわしい……。

もっと完全に女の子でありたいという気持ちが、日を追うごとに強まっていき、最終的に肛門を精神的な膣とする結論に到達した。

とはいえ、暗中模索もいいところである。異性愛者の私に少年愛のお作法などわかるはずもないし、痛いのも体に有害なのも絶対にいやだった。

まず最初は、誰でも考えつく指入れ。だが、小学生の鉄板イタズラであるカンチョー遊びとなんら変わらず、女としての性的満足などは到底見いだせなかった。

次はなかなかよい発見があった。タンポンだ。これが大発見だったのである。

早速、ランジェリーやパンストを買うのと同じ、理解のあるお店で棚を見まわし、ビギナー用の、中学生くらいでも使うであろう細めのタンポンを購入。

ローションで肛門とタンポン両方の滑りをよくし、肛門に挿入。新しい快感だった。

これが私のアナルオナニー、すなわち「アナニー」の輝かしい幕開けであった。

「ふぅ……んっ、んん……うっ、ふうぅ……ああっ、あああっ」

軟質プラスチックのアプリケーターを取説どおりに「ケツマ○コ」にしっかりとさしこみ、勇気を振り絞ってピストンを最後まで押しこんでいく。本体が完全に収まったのを確認すると、オンナへの階段をまたひとつのぼったと実感した。

最後に、体外へ出すための紐をぱらりと垂らして、その姿を後ろから鏡に映し、自分のお尻から出ている白い紐を眺めたときの快感と言ったら……。

このように私の、少女としてのデビューは多少遅かったのだが、私はその遅れを埋めるのに必死だった。

このタンポンは病みつきとなったが、ただ漫然と毎日していたのでは、単なる「肛門オナニー」への堕落にほかならない。

そこで実施するのは月三、四回にとどめ、毎月のひそかなお楽しみとした。

現実の女子中高生を意識し、翌々年くらいには、より太く大きい「多い日用」にチャレンジし、達成する。

現実の性史をひもとけば、とくに「男の娘」といった萌えや、アキバ系の文脈でこのアナルオナニーがアナニー、さらにはふたりで協力し、これを行う肛門性交が「相互アナニー」と定義づけられたのは、これより十年以上もあとの２０１０年代前半であり、その点でも当時の私は先見の明があったといえよう。

私は他者が知り得ない秘法を神から授けられたという宿命観を覚えた。

このように、私のアナニーライフは前途洋々。これを阻むものなどなかった。

気の赴くまま、女性用学生服とルーズソックス、メイド服、肩出しの白ワンピ、裸ワイシャツを着用。女装でタンポンの出し入れ、魚肉ソーセージを挿入して手動でピストンする。

オーガズムの際の鏡に映った自身の美しさに耽できしつつ、さらなる連続オナニー、連続アナニーなど、二十年近くたった今考えても、当時はまだ規制のゆるかった同人写真誌に残しておけばよかったと感じるほどだ。

かくして雨が降ろうと、雪が降ろうと、やりが降ろうと、アナニー、アナニーアナニー……この夢のような日々のなか、新たな願望が湧いてきた。

仲間ができないものか……。

しかし前述のとおり、私は異性愛者で自らの純潔そのものであるアナルバージンを責め専門のゲイ男性にささげたいとは思わなかったし、逆にレズビアンの女性で責め専門のタチビアンでもガチの完ビアンなら、そもそも女装が堂に入っていても全部男の私のアナル、ましてやオチ○チンをかわいがってくれるなどまずないであろう。

悶々とする日々……。

そんななかでのことだった。

「おい、おまえ、久しぶりじゃないか」

「お姉さま」

たまの休みに、地元に帰ってみると中高生の頃に女装の快感を教えてくれたお姉さまと偶然出会った。冒頭で紹介した女子の先輩だ。

「驚いたよ。戻るんなら、言ってほしかった」

お姉さまはまったく変わっていなかった。襟足を少し刈りあげたベリーショートと小麦色の肌が似合うボーイッシュな「俺っ娘」のお姉さまは、私の記憶の中でもっとも理想の女性であり、今、目の前にいる姿は高校時代の記憶とどこも違っていなかった。ただひとつ違う点を挙げるとしたら、以前では想像もつかなかった男の彼氏が隣にいることである。

「紹介するぜ。俺の本命彼氏だ」

「……男言葉で俺の彼氏って、お姉さまからおっしゃられるとつらいです」

「悪い悪い、クセでよぉ」

謝るお姉さまの隣にいる彼氏が私に笑顔を向けた。

「はじめまして。お姉さまから、君のうわさは聞いてるよ」

細身、銀縁眼鏡の彼氏は、当時でいうハンサム、今でいうイケメンで、理知的な物腰はお姉さまの野性味と好対照をなし、実際お似合いのふたりだと感じた。

「予定がないんなら、三人で遊ばないか」

「ええ、喜んで」

誘われて返事はしたものの、三人で遊ぶって、なにをして遊ぶんだ。

昔よく行ったゲーセンで、格闘やシューティングの対戦ゲームでもやるのか。デコチャリの変速トップギアで、堤防を爆走するのか。どちらにしても色気がない。

まあ、お姉さまって、昔から男子に対しても、いつもそうだったもんな。

三人でタクシーに乗って到着した先は町はずれの、重厚な大理石の壁で覆われたメルヘンチックな中世のお城というか、ラブホテルだった。

「俺がオンナとして、どう成長したか見とけ」

「…………」

「よく見とくんだ」

「は、はい」

三人交代でシャワーを浴び終えると、おそろいのバスローブ姿となり、ジュースで再会を祝した。

ひとしきり部活やお受験の話が一段落すると、私も彼氏もバスローブの股間がテントを張っていた。

この彼氏、見かけは文系でも、セックスはあくまでも体育会系を看板とする「品格ある獣」路線の男なのだろうか。

「思い出話に花が咲くってのはいいもんだ。でも……本当にいいのかい。お姉さまとの美しい記憶がここで壊されるかもしれないんだし……」

彼氏が心配そうな口調で私にたずねた。

「俺も考えたんだけどさ、今回は挿入なしにしといて、三人でオナニーの見せっこしたあと、俺が手と口でふたりにしてやるってのはどうだ」

お姉さまが案を口にする。

「いえ、かまいません。思いきりしてください」

「よく言った。絶対に後悔するなよ」

三人いっせいにバスローブを脱ぎ捨てた。

中高と部活がお隣だったから、着替えタイムにお姉さまの体は多少目に入っていたが、無駄を排し、磨き抜かれたアスリート体形がまぶしい。

それ以上に、彼氏に驚愕した。すでに硬く怒張し、黒光りする二十センチクラスの陽根を見て、すぐには実在する男のものとは到底信じられなかった。

比べて私のものなど、最大でも六、七センチは越えられない。

長さと幅と奥行きで、私のものの三倍強。容積なら立方でおおむね三十倍にもなる凶暴なものがお姉さまに突き刺さるのは悪夢だった。

「さっきシャワーを浴びたばかりなのに、もうトロッと濡れてるじゃないか」

前戯は彼氏のやさしい淫話と丹念なペッティング。芸術家のような細い指がお姉さまの小麦色の肌をはい、乳輪、肋骨、そしてきれいに剃り落とされたビキニラインから、ここだけは明るいサーモンピンクの女性自身へと移った。

「セックスってどうやるのか、よく見とけっ」

「はいっ」

悲鳴とも怒号ともつかぬお姉さまによる試合開始の合図に、私はそう答えるしかなかった。

でかいベッドの端であぐらをかき、行為を見守る私の目の前で、お姉さまは巨大な陽根にＸＬサイズのコンドームを口を使ってかぶせ、自身のラブジュースだけでは潤滑が足りないのか、小袋入りのローションを自らと彼氏に丁寧に塗りこめる。

意外にも、体位は後背位や騎乗位でなく正常位だった。

「俺が超まじめな文学少女でたまげたか」

だが、いくら体育会系であっても、肉体の限界をはるかに超えたものの挿入は苦痛をともなったようだ。

「痛っ……毎度のことだが、ゆっくりで頼まぁ」

ケタ違いにカリ太な亀頭だけでも、その段差まで入れるのに一分強。さらに陽根が根元まで埋まるのに、優に十数分強を費やし、ふたりは結合した。

お姉さまのものは、今にも裂けそうになっている。

「んんっ……はぁ、はぁ、はぁ……入った」

彼氏の腰が暖機運転に入った工作機械を思わせる、おだやかなピストン運動をはじめた。

「ひぎいっ、うぐぅ……ぐえええっ」

顔色ひとつ変えずに突きつづける彼氏の下で、お姉さまの額に汗がにじみ、悲鳴が響きわたる。

「おええっ、畜生、くそったれ、今止めたらぜってぇ泣かす。いや、ぶっ殺してやる」

アスリートらしく締まりのよいバギナを黒いピストンがショートストロークで往復しつづけ、あふれ出たラブジュースが糸を引き、やがて白濁し、クリームのように泡立ってゆく。

「俺のセックスはそんなにつまらないか。俺が犯されるところはそんなに退屈か。てめぇ、その小学生並みのでズリセンかけ。かいて、かいて、かきまくれ」

巨根に翻弄されながら、お姉さまが私にわめいた。

促され、私はオナニーをはじめた。おおむね小三くらいから成長していない、手のひらひとつに収まるものをシコシコ、ペチペチとしごく。

その間、お姉さま自身を往復するビッグガンは、潤滑がよくなるに従って動く距離がロングストロークへとひろがっていき、しかもその速さを増す。

「んおおっ、ふうぅ……あああっ、おおぉ、いぎぎ……オチ○コもっとちょうだい。オチ○コ、オチ○コォっ」

悶え苦しみながら、卑猥な俗称を叫びつづけているお姉さまの姿に、私は言葉を失った。

「おおっ、あっ、ああ、あああ……」

だんだんと口数が減っていくのに、顔の紅潮が増してゆくお姉さまを見て、オーガズムの瞬間は近いとわかった。

「ふぉ……うえっ、ぎゃあああっ」

生身の女性が果てる瞬間をはじめて目の当たりにした。

鍛え抜かれた肉体がビクンビクンと大きく震え、彼氏の背中にしがみついて爪を立てたまま、やがて力を失っていく様子はひとつの国か、惑星の終焉を思わせた。

「はぁ、はぁ、はぁ……ふぅ……」

ほぼこれに前後し、同様に絶頂を迎えた彼氏が、お姉さまの体内からズルリと巨砲を抜き出した。見ると、大量のザーメンがコンドームを破らんばかりにたまっている。

お姉さまはシーツにザーメンをこぼさないよう、慣れた手つきでまだ熱気の残る陽根からコンドームをはずし、雨の日のスーパーの傘袋のように根元の口を結んだ。

「いっぱい……出たな」

疲労のなか、笑顔を浮かべて彼氏をねぎらった。

「腹減ったな、男ども。帰りにすし、食べないか」

「異議なし」

「異議なし」

選挙権を持つ、いい年をした大人、裸の男女三人がラブホのベッドに横たわっての会話とは思えない色気のなさである。

三人でシャワーを浴び、汗とラブジュースとザーメンを残らず洗い流した。


地元のラブホでの運命の一戦を終え、私は言いようのない敗北感か、もしくはそれとは違う別な感情にさいなまれていた。

ひとつは、眼前で生の行為を見つづけたのに、オナニーでフィニッシュがかなわず、試合終了を迎えるという屈辱を味わったこと。もうひとつは、彼氏とお姉さまの勝負の最中、股間ではなく、お尻のほうにジーンとなにかを感じていたこと。

恥ずべき劣情なのか……。

自分が来世で体も心も女だったら、あのすごい武器を持つ彼氏としたいと考えた。

そして、私はお姉さまとの再戦を心に誓ったのだった。

ここでお姉さまについて、もう少し説明がいると思う。

私よりひとつ年上で、高校の体育教師から幼稚園の教頭に転じた父、モーレッツ銀行員だった母、年子の兄貴と弟がいる超体育会系一家の育ちで、中高でバドミントン部。

私は隣のハンドボール部だった。

バド部の女子は、通常はジャージーか膝上丈のハーフパンツで練習だが、夏の酷暑期のみスコート着用が許される決まりで、私はよく、この中身がめくれて見えるのをオカズにしていた。

男だけど、お姉さまと同じスコートをはきたいという私の気持ちを読んでいたのか、女装の道に引きこんだのも、冗談以上のなにかがあったに違いない。

その思い、ご恩に報いるためにも、私は屈辱的な敗戦の後もへこたれることなく、さらに女装と、それを私の中で完成させるアナニーに精進した。

まずは女装とアナニーについて勉強のしなおし。多くの女装形から意見を求め、理解ある女性たちから何度も教えを受ける。制服を脱ぐときはブラウスからで、スカートはあとなど、このときに知ったことも多い。

お姉さまとの再戦のときまでアナルの処女性は守りつつも、アナルトレーニングはする必要があったので、アダルトショップへ買い出しに行った。

無口だが客思いの店主は、私のために空豆サイズのアナルローターと細身のアナルバイブ、実際の男根に近い形と入れ心地の大型バイブを選んでくれた。

ただし、大型バイブは充分なアナル開発がすむまで使用せず、最後にお姉さまの手により、私の中に突き刺してもらうことに決める。

これらの過程を経て、私は「女装趣味者」などといった生ぬるい段階を超越して「女装主義者」を掲げ、自らがアナニーの唯一神であることを大悟した。

お姉さまと彼氏との再戦はなかなか日程が合わず、翌年までずれこんだが、ようやく三人で会える日が来た。地元の最寄り駅のロータリーで、お姉さまの運転する黒塗りのセンチュリーに乗りこむ。

「試合会場は前と同じ、あのお城で」

「いや、俺んちだ。兄貴と弟は遠くの会社に入って家を出ていったし、親父とお袋は学会に出席するから明日まで帰ってこない」

「学会というと？」

「道徳教育学会だったかな。よくわからん。外に漏れなきゃ、いくらあえぎ声出したってオーケーだ」

高校以来、久しぶりのお姉さまの家は、昔遊んだ頃とまったく変わっていなかった。現役当時の姿で残る男兄弟のデコチャリと並ぶ、各種競技の賞状といったものの数々は、まさに青春の断片だった。

「まずは、風呂だな。いや、その前にお浣腸か。ってゆうか、おまえ今、下着女装してショーツとブルマってとこじゃないのか」

「えっ、お姉さま、わかってらしたんですか」

「すべてお見通しだよ。襟もとからクラスTシャツ見えてるし。俺の着替えのぞいて参考にしたろ」

思わず顔がまっ赤になった。

私はまず三十ミリリットルのイチジク浣腸よりも格段に強力な百二十ミリリットルの医療用グリセリン浣腸で入念にお尻のクリーンアップをすませた。細部は文章にできない。

お風呂でのお姉さまは、相変わらず女子アスリートの体形だったが、この一年でより女らしく熟れて、ちょうど赤身から中トロに進化した印象だった。

「くそったれ、ジロジロ見るな。恥ずかしい」

「彼氏さんのものは、前より大きくなったんじゃ……」

「いや、前見せたときと変わんないよ。今、二十センチだが、これ以上成長しないだろ」

浴室から出てお姉の寝室に移ると、前回のラブホでのような問答無用のファックとは違い、お姉さまがタチのシチュエーションに入った。

ミニスカの制服をふたりで着て、キス、ペッティング、その先へとゆっくり進んでいく。

彼氏はサイズの合う、お姉さまの兄貴の制服を着用。ズボンとパンツをおろし、私たちのかたわらで迫力満点のズリセンをかく。

私にとってはファーストキスとなる、お姉さまとのキス。このキスがやがて舌をからませ合う大人のキスへと移行していき、同時にお姉さまのたおやかな指が私の敏感な部分に向かう。

ブラウスのボタンをはずし、スカートを後ろからめくるとブルマがのぞく。

私の興奮が高まってゆく。

「あん……お姉さま、私、とっても恥ずかしい……」

「ブルマの上からお尻を撫でられただけで、クリトリスをこんなに硬くするなんて、はしたない……」

疑似レズビアンプレイのネコ、受け専がこんなに気持ちよかったなんて……。

目が覚めた。

「お尻を出しなさい」

「えっ……」

「いいから、早く出しなさい」

私は恥じらいながら、紺のブルマと白いスクールショーツをさげて四つんばいになった。

「バックより正常位のほうが顔が見えていいな。彼氏、座布団をこっちにくれ」

「あいよ」

お姉さまは下半身裸の私をあおむけにすると、ふたつ折りにした座布団を腰の下に入れ、ちょうどよい高さにしてからアヌスに接吻した。

「ああ、そこはだめっ」

お姉さまはとがらせた舌の先でアヌスのまわりを舐め、指二本を中に入れた。

「あっ、あああっ」

私は思わず声をあげる。

「そろそろ大人になる時間だな」

お姉さまは指を抜くと、私のかわいいものにSSサイズのコンドームをかぶせ、私の持ちこんだ超本格バイブを見せた。

「処女をくれてやるヤツがこれかよ。一生忘れられなくなるぞ」

そう言いながら、ローションを塗った私のアヌスに突き刺した。

「ひいいっ」

バイブの頭が私の門を開け、徐々に奥まで侵入してくる。

「じゃあ、動かすぞ。声、出していいからな」

巨大な質量が私の中で動きまわり、悦びが押し寄せてきた。

「あん、あん、イッちゃう、イッちゃうぅ」

私はひたすら少女のような悦びの声をあげた。

そして、至高の悦びの瞬間がやってきた。

「ん、あぁっ、あああっ」

絶頂とともに、私は「牝イキ」で果てた。

だが結果的に、私の倒錯の性はそこから先には進まなかった。ただ、確実に言えるのは、私が女性を知り、童貞を失うよりも先に、処女を失ったという事実だ。


それからしばらくたち、転職して今の仕事に就いたのをきっかけにして、私は女装主義者とアナニーを完全にやめた。私が青春のすべてをささげたアナニーが、果たして正しかったのかどうかはわからない。

以降は後世の歴史家の判断に委ねたい。

# 奥様泥棒

無職（兵庫県・六十六歳・男性）

妻をよその男に抱かせる亭主が本当にいるのだろうか。

妻がよその男とキスをする。他人が妻のクリトリスを舐める。妻が他人の汚いペニスを舐める。他人の汚いペニスが妻の体に入る。妻が他人の汚い精液で汚される。妻が他人の体にしがみつく。

私にはとても我慢できないが、それを楽しむ夫婦がいることを身をもって知った。

地元関西から埼玉県に単身赴任したのが約二十年前、四十七歳のときだった。休日になると気晴らしに関東一円の名所旧跡を見て歩いた。その途中で立ち寄った本屋で見つけたのが夫婦交際誌だった。

ビニールに包まれており、中身がわからないものの、なにやら変態スケベ臭がにおい立つその本が気になった。本が私を手招きしていたのか結局本を買って帰り、ページをめくって驚いた。

素人の夫婦が奥さんのセクシーな写真をつけたメッセージでスワッピング相手を募集しているではないか。中には3Pのための単独男性を求めるメッセージもあった。

さらにページをめくると、単独男性からの呼びかけがあった。ダイレクトコールというそのページにはニックネームと電話番号が書かれ、夫婦との3Pに呼んでほしいと記してある。他人の奥さまとセックスさせてくれとは、なんとずうずうしい呼びかけなのか。

とはいえ、これほど多くのかたがメッセージを掲載しているということは、あながち架空の話でもなさそうだ。私の旺盛な好奇心とスケベ心が芽を吹き、単身赴任の気軽さと家族への後ろめたさがないことから、私も掲載してみたくなった。

応募用紙の字数を考えながらまじめな会社員であることを前面に打ち出して、買ったばかりの携帯電話の番号を書いて投稿した。

これで3Pの誘いがあるかもしれない。毎日ワクワクしながら誘いの電話を待った。

ところが、待てど暮らせど誘いどころか、美人局《つつもたせ》や冷やかしさえもかかってこなかった。半ばあきらめて半月ほどした頃、一本の電話がかかってきた。

聞こえてきた声をもとに脳細胞をフル回転させて人物像を探った。穏やかで紳士的な口調と曇りのない声からワルではないと推理した。交際経験を聞かれたが3Pもスワップも未経験だと伝えたところ、それがよかったようだ。

さらにご夫婦と私が同い年ということで話が進み、奥さまが電話に出た。奥さまの声もやさしそうで物静かで遠慮がちな声だった。ご主人の提案でお互いにフィーリングを確認するために後日面接することになった。

私が池袋《いけぶくろ》のデパートの前で午後一時から十五分間待ち、ご夫妻が私を見てフィーリングが合わなければ声をかけず、今回のことはなかったことにする。あとで怖いお兄さんが出てこないことを祈って打ち合わせどおりの服装で待った。

斜め後ろから探るような遠慮がちの声で誰かが私のニックネームを呼んだ。振り向くと色白でやさしい顔の男性が探るような目で私を見ていた。ワルではなさそうだ。

美人局ならはじめは女で釣って、あとから男が現れるだろうが、声をかけてきたのが男だったので安心した。あいさつを交わし、喫茶店で話をすることにした。

「家内です」

ご主人の手招きで離れたところからやってきた奥さまは、夏色のワンピースが似合う楚々とした女性だった。

「はじめまして。今日はお呼び立てして申し訳ありません」

奥さまのやさしい声が耳に心地よかった。このふたりなら妙なことにはなるまい。私の心配は霧散した。

喫茶店では他愛のない話をしながら、よどみなく会話が進んだ。奥さまがトイレに立った間に、私が来たことに感謝するというご主人。面接だけなら、約束しても来ない男もいるらしい。

妻のセックス相手なので慎重に選びたいという。もっともな話だ。奥さまがトイレから戻ってきたとたんそんな話はピタッとやんだ。

「あのう、家内も私もオーケーなんですが、いかがでしょうか」

いかがかと聞かれていやだという男はいないだろう。まして楚々としたかわいい奥さまと一戦を交えるなら。それにしても、会話のほとんどがご主人と私の間で進み、トイレから戻ったばかりの奥さまがオーケーだとなぜわかるのだろうか。ともあれ私は面接に合格したようだ。

「今日はお時間ありますか」

ご主人が少し身を乗り出して聞いた。土曜の午後なので時間は持てあますほどある。

「今日……今からですか」

「迷惑でしたらまた後日でもよいのですが」

迷惑なはずはない。

「では、三時間後にさっきの待ち合わせ場所に家内を連れてきてくれませんか」

えっ、奥さまとふたりだけ……3Ｐではないのか。

妻を他人に抱かせるどころか、他人に預けて目の届かないところでセックスさせるなんて、奥さまを愛していないのだろうか。

池袋周辺の地理に明るくないのでホテルがどこにあるのかわからないし、さっきの場所に戻ってこられるかもわからない。

「ホテルの近くまで一緒に行きましょう。帰りは家内が案内します」

三人でホテルの近くまで歩いた。

「では、家内をよろしくお願いします」

よろしくとは、なにをお願いされたのか。軽く頭をさげたご主人は直進し、奥さまと私は右に曲がって五十メートルほど先のホテルに入った。喫茶店にいるときからほとんど言葉を発していない奥さまの意志が反映されているのかが気になっていた。

「あのう、私でよかったのですか。遠慮なく言ってください」

聞けば、喫茶店では夫婦でサインを送っていたという。奥さまがトイレから戻るときにバッグを肩にかけていればオーケーで、手に持っていればＮＧ。

一方、ご主人はライターをたばこの上に置いていればオーケーで横に置いていればNG。双方がオーケーなら話を前に進めることにしていたそうだ。なるほど。

「気を使っていただいて、ありがとうございます」

奥さまのやさしそうな目がほほ笑んでいた。

「では、よろしくお願いします」

セックスの前によろしくとは、童貞の筆おろしではあるまいし四十七歳のオッサンの言うことだろうか。

こうして私は夫婦交際にデビューした。

シャワーを浴びる前に約束事を再確認した。奥さまのいやがることはしない、はじめからコンドームをつける、フェラはゴムの上から、とのことだったので厳守することを伝えた。

「キスはオーケーですか」

「はい」

「私が舐めるのはオーケーですか」

「はい」

消え入りそうな声の奥さま。

「シャワーは一緒に入りますか」

「……今日は別で」

先にシャワーを終えてベッドで奥さまを待った。

奥さまの気持ちはどうなのだろう。怖くないのだろうか。期待しているのだろうか。ご主人の性的嗜好に協力しているだけだろうか。私はオスになってもいいのだろうか。

そんなことを考えてるうちに奥さまがやってきた。胸は小ぶりだった。巨乳が好きな私だが、もう大きさなどどうでもよかった。

「そうだ。先につけるんでしたね」

起きあがってゴムをつけた。愚息がカチカチの「秀息」に変身していた。ふたたび胸を揉み、乳首を舐め、クリトリスに指をはわせた。

奥さまのそこは、みるみるうちにヌルヌルになり、クリトリスが滑って指から逃げる。脚を開いてクリトリスを舐めた。

「うっ、ああっ」

短いうめきが聞こえ、ときおり奥さまの体が跳ねる。これほど濡れているなら、ペニスを欲しがっているはずだ。体勢を戻して奥さまの中に入った。

「うっ、ううっ」

ゆっくりやさしく挿入した。奥さまの顔や控えめな声をうかがいながら体位をいくつか変えて、最後は正常位で射精した。

「ありがとうございました」

セックスして礼を言われるなんてはじめての経験だった。

「こちらこそ、ありがとうございました」

私も慌てて礼を言った。私は射精後の脱力感よりも満足感が勝り、射精したばかりなのにまた会いたいと思った。

「私は合格ですか。合格だったら、また呼んでください」

「そうですね。主人と相談してみます」

ゴムの中にはたくさんの精液がたまっていた。奥さまにつづいてシャワーを終えて出てきたら、奥さまがビデオを見ていた。そこにはＳＭシーンが映し出されていた。

「こういうのは好きですか」

「いえ、好きってわけじゃないんですけど」

「けどって、少しは興味があるんですね」

「主人には言わないでくださいね」

「わかりました。では、次の機会があれば少しだけ取り入れてみましょうか」

ホテルを出て約束の場所まで他人行儀な会話がつづいた。セックスした男女なのに恋人同士とは異なる空気がふたりの間にあった。

ご主人がホテル帰りの私たちを待っていた。ソワソワしているように見えた。ご主人にどう声をかけたらいいのだろう。お待たせしましたと言うのも変だし、ごちそうさまでしたとも言えないし。

「では、先に帰って夕飯の用意をします」

奥さまはご主人にそう言い、先に帰った。男ふたりで喫茶店に入り、今日の報告をすることになった。

「家内は喜んでいたようです」

ん？　奥さまはなにも言ってないのになぜ……ハハーン、ここでもサインが出ていたのか。

「家内はどうでした」

どうでしたと聞かれてもどう答えていいやら。たった今、妻とセックスしてきた男の話を聞くのはつらくないのだろうか。悲しくないのだろうか。

「じつは、私は交通事故が原因で五年前からほとんど不能なんです」

そういうことだったのか。

「男を味わえない家内がふびんで。妻を欲求不満にさせたくないのです」

だからといって、妻をよその男に抱かせるのは短絡すぎではないのか。

「妻が浮気するほうがつらいし、妻は浮気できる女ではないし、これでよいのです」

そういうものか。ご主人の愛情と度量の大きさを見たような気がした。

「家内をたっぷり喜ばせてやってください。私は安心して嫉妬したいんですよ」

ご主人は明るくそう言って帰っていった。

自宅に戻ったが、奥さまとのシーンを回顧しているうちにペニスが勃起した。なにもかもがはじめてで驚きの連続だった。

翌月初旬にご主人から待ちに待った誘いがあった。首とペニスを長くして待っていた矢先の電話だけに私は飛びあがって喜んだ。土曜日に前回と同じ場所、同じ時間に奥さまだけで行かせるとご主人は言った。

前回と同じホテルに入り、別々にシャワーを浴び、先にベッドにあがって、ゴムをつけて待った。テレビにはSMビデオを流して。

シャワーを終えた奥さまはそのビデオをチラッと見て、恥ずかしそうに下を向いてベッドの端に座った。テレビ画面は縛られて目隠しされた女性が映っていた。

「これ、してみましょうか」

なにも言わず拒否もしないので、タオルを奥さまの頭に巻いた。

「ちょっと、怖いですね」

「無茶はしないので、安心して気分だけ味わってください」

こっくりうなずく奥さま。目隠しセックスは奥さまを喜ばせ、前回より大きな声を発していた。それに応えるように、私も多量の精液を吐き出した。

ふたりの呼吸も整い、ピロートークを楽しんだ。

「目隠しはご主人に内緒ですか」

「言わないほうがいいこともありますから」

ご主人に心配をかけたくないという気遣いと思いやりルールに賛成し、ご主人への報告では伏せておくことにした。奥さまの話では、ご主人が事故に遭遇するまでは夜の生活も充実していたという。奥さまの口から飛び出した言葉からは、楚々としたイメージを覆すような卑猥でうらやましい内容のセックスライフが見えた。

「主人は、事故前の元気なときはアナルセックスをときどき要求してきました。私はあまり、好きではありません」

SMのエッチも大好きで、大人のおもちゃを使ってよくプレイしたという。

「主人にはフェラチオも教わりました。口で受けて飲んでいました」

聞けば、俗にいうお掃除フェラもしていたという。

「おかげで嫌いだった精液のにおいが好きになりました」

私は家内とそんな楽しいセックスはしていない。いや、させてもらえなかった。

「今はご主人とどんなセックスを」

「舐めてあげたり、舐めてもらったり」

「ご主人は勃《た》つの？」

「事故後は少し。舐めてあげたらマシュマロがこんにゃくくらいになりました。でも今はマシュマロのままですよ」

「液は出るの」

「事故後、しばらくは滲む程度に出てましたけど、今は全然です」

「じゃあ、好きな液が飲めなくて残念ですね」

「もう、味もにおいも忘れました」

「奥さまも、おつらいですね」

「仕方ありませんね」

きっとご主人はこのことを言っていたのだろう。奥さまがふびんだと。

翌日、ご主人から届いたメールには奥さまが満足していたと書かれていた。そして次回へのリクエストが書かれていた。それには奥さまはアナルセックスが好きなのでお尻を使ってやってほしい。ただしご主人は知らないことにしてと。

アナルセックスが嫌いだと言った奥さまの話と違う。次回のデートでアナルセックスをするにしてもご主人の依頼とも言えず、したとしても奥さまはご主人に内緒にするはずだ。となれば、事後のご主人への報告はなんと言えばいいのか困った。

奥さまの了解を得たほうがありがたいと返信したが、

「家内が私に秘密を持つことで、アバンチュールの感があっていいと考えるので、心情を理解してほしい」

と、返信があった。夫婦交際は単なる性欲の解消だけではなく、深いところの複雑な欲望を満たすものだと知った。

「明日は家内をノーパンで行かせます」

翌月、ご主人から誘いがあり、そう言って電話を切った。

その日、奥さまは秋らしくカーディガンを羽織って長めのスカートで現れた。

「今日はノーパンですか」

「主人がそうしろって言うから」

ホテルに向かう間、ノーパンの股間を想像して歩きにくいほど勃起していた。

奥さまは積極的にペニスを舐め、自ら大きく脚をひろげた。最後は後ろから激しく射精した。力つきて萎えたペニスのゴムを奥さまがはずしてくれた。

「たくさん出るんですね」

「奥さまがすてきだから気持ちよくて」

「あのう、来週はお時間ありますか」

いつもはご主人からの誘いなのに、その日は奥さまから誘われた。

「あさってから、主人が海外出張なんです」

そういうことか。

「主人には内緒にしてください」

「じゃあ、いつもの場所と時間で。来週もノーパンでお願いしますね」

「まっ、エッチなんですね」

かわいい奥さまと二週連続でデートできるのははうれしい。

「来週はアナルセックスしてもいいですか」

「そうですね」

アナルセックスは嫌いだと言っていたことを忘れたのか、拒絶反応はなかった。さらって先揚の用意をしておくという。

翌週のデートでは奥さまがペニスを丁寧にやさしく洗ってくれた。体中の泡を洗い流してくれた奥さまが急にペニスを握って咥えた。

「えっ、ゴムをつけなきゃ」

「今日は特別です」

ご主人への報告義務がなければこんなに積極的になれるのか。いや、きっとこうしたかったに違いない。鬼のいぬ間だけタブーを破りたいのだろう。

ただ咥えているだけではない。横からも下からも舌を使い、正面からは激しく前後に顔を振った。フェラも精液も好きだというだけあって、飢えた餓鬼がごちそうを頬ばるような口淫だった。

「今日は私のわがままを聞いてもらえませんか」

大の字になった私の脚をひろげて、その間にうずくまった奥さまがペニスを握った。

バスルームのときよりも激しく咥えてくれた。

「やっぱりゴムのにおいがなくていいですね」

にっこり笑う奥さまが、今までで一番かわいく楽しそうに見えた。

「おいしい?」

「はい、おいしいです」

咥えたままそう言って、口から放そうとしない。ペニスを大きくさせるためではなく、ただただ舐めたいから舐める、そんな奥さまの思いが伝わってくる。

「そんなに上手に舐めたらイッちゃいますよ」

「じゃあ、やめましょうか」

「いえ、我慢するからもっと」

「我慢しなくていいですよ」

「出してもいいってこと？」

「はい」

「口に？」

「はい、飲ませてください」

わがままとはこのことか。

「イッたらこれだけで終わっちゃいますよ」

「いいですよ。また元気にしてあげますから」

うれしいことを言ってくれる。私のスケベ度が上昇し、二回できそうな気がして口の中で爆発することにした。射精の快感と口の中を精液で汚す快感とで、いつもよりたくさん出たような気がした。何度か激しく脈打つペニスは奥さまの口から解放されす。舌がやさしく亀頭をはっていた。

「ま、参った。ちょっと、待って」

奥さまはペニスを放そうとせず首を横に振った。腰が引けるほどこそばゆいのを我慢するうちに、今まで知らなかった快感が全身をしびれさせた。

奥さまは尿道に残る精液を絞るように、口をすぼめてペニスを吐き出した。

「たくさん出ましたね」

口の中には精液がなく、すでに飲んだようだ。

「忘れていたにおいと味です」

しばらくスケベトークをしたあと、ペニスに手を伸ばしてきた。

「また、舐めてもいいですか」

舐められて、再度勃起した。

「お元気ですね」

奥さまが私にまたがって入れようとする。

「そこもゴムなし？」

「今日はいいんです」

ふたりめを出産したときに避妊処置を施したという。問題は避妊と同時に御主人との約束だが、それ以上は聞かなかった。奥さまは上下に跳ね、左右に揺すり、前後に擦った。まるでロデオのようだった。

「おいおい、そんなことしたら」

「イキそうですか」

「まだ大丈夫だけど、長持ちしないかも」

奥さまが上体を倒して私に重なった。

「やっぱりナマがイイッ。あっ、今日はどうかしてますね、私」

「いえ、いつも以上にかわいいですよ」

「今日は中でイッてくださいね」

正常位になって激しく突いていると奥さまは、たががはずれたようにあえいだ。

「あぅ、あっ、中にください。いくっ」

奥さまはそう叫んで私にしがみついた。楚々とした人妻にナマで射精するうれしさでペニスが喜び、膣の中で亀頭が暴れまわった。

精液が子宮に当たる音が聞こえるかと思うほど強烈な射精感があった。ペニスがヌルッと抜け、奥さまの上からおりた。

「五年ぶりに女に戻ったみたいです。お掃除してもいいかしら」

そう言いながら体を起こし、ペニスを舐めてくれた。

「ご主人の出張はいつまでですか」

「月末までです」

「空き家泥棒みたいで心苦しいけど、来週も会えますか」

「そんなにたくさん会ってたら、私に飽きますよ」

「まさか。毎日でも会いたいくらいです」

奥さまが私に抱きつき、激しいキスをくれた。

「こんな泥棒だったら大歓迎ね。加害者も被害者もいないのですもの」

「可能ならご主人から、いつでもナマでどうぞと言ってもらえたらいいんですが」

「そうね。そうなるようにがんばってみます」

翌月からご主人からの電話が来なくなった。かわって奥さまから呼び出されるようになった。

楽しい夫婦交際のおかげで五年間の単身赴任はあっと言う間に終わり、仕事も大きな成果を得た。今でも奥さまにお礼を言いたい。

# のぞき穴

無職（大阪府・七十八歳・男性）

謙吉《けんきち》と僕は、関西圏と中京圏の中間に位置する人口五百人ほどの漁師町で生まれ育った。ともに大学を志すも、大阪の有名私大に合格した僕に対し、謙吉は浪人中の身である。

猛暑日がつづく七月初旬、大学の下宿先から帰省した僕は、母に郵便局への用を頼まれ、その帰りだった。

「おおい、啓介《けいすけ》じゃないか」

振り返ると、謙吉が手を振っている。

「謙吉か。俺は今日から夏休みなんだ」

「久しぶりだな」

ふたりは近くの堤防に向かった。ブロックの上に座り、近況を語り合った。しばら

くすると、

「啓介、頼みがある。俺のとこでアルバイトしないか」

謙吉の家は風呂屋である。

「二カ月くらいなら、夏休みなので大丈夫だけど」

「よかった」

番台に座っていた母親が入院したので、風呂たき係の父親が番台に、風呂たきは謙吉にまわってきたが、浪人中なので勉強に専念したいという。

「ようはその風呂たきをできるだけ手伝ってほしいんだ」

翌日の見習い日、銭湯を訪れると、たき口で謙吉が待っていた。仕事は薪とオガくずをたき口にほうりこむことと、閉店後の脱衣場と浴槽の掃除、それと湯の温度を調節する単純作業だ。

「このバイトには役得もあるぞ」

謙吉はそう言って、あごで壁を指した。よく見ると、ちょうど身長の股間あたりの位置に親指大の小さなのぞき穴があった。

「こちらから見えるが、女湯からこちらは見えないようになっている」

謙吉に教えられた穴からのぞいてみた。位置的に、穴は脱衣場に近い所にあり、富士山の絵がかかった湯船など斜めってはいるが、全体がよく見える。

もちろん穴の目の前にはシャワーがあり、洗う姿がばっちり拝めそうだ。

「まあ、ゆっくり楽しめよ。そのかわり、この穴のことは他言しないこと。他人にしゃべれば、客が来なくなって銭湯がつぶれてしまう。約束できるな」

謙吉は念を押して言った。

「約束する。心配するな」

「明日から女の裸が見放題やで」

謙吉は片目をつむった。

その夜、町内の女性の裸を次々と想像して鼻血が出そうだった。近所の若奥さんや同級生の女の子の顔が浮かんでは消えていく。美代《みよ》ちゃんも来るやろうか。好きだった彼女の裸を想像して愚息をまさぐった。

妹の美和《みわ》も亜紀《あき》も当然来る。中学の担任だった、あこがれの田村《たむら》先生もきっと来るはずだ。内風呂の家庭は一割もないから、町内のほとんどの女性が来るだろう。

禁断の園をのぞけるのだ。夜が明けるまで寝つかれず、何回もトイレに行った。目が覚めると朝だった。武者震いが止まらない。

脱衣場の点検、浴槽の準備、すべて確認して仕事場に入った。穴をのぞいたが、まだ誰も入っていない。扇風機が舞い、天窓が開き、窓がすべて開いている。

番台に行き、おやじさんから注意事項の説明を受けた。退屈するほどの時間がありそうだ。これなら穴をのぞいて女の裸を堪能できる。

午後三時になった。穴からのぞくと、脱衣場のガラス戸に二、三人の人影がある。

生唾を飲みこんだ。ドアが開き、三人が入ってきた。顔見知りの漁師の奥さんたちだ。朝が早い三人は風呂に来るのも早い。胸の鼓動が止まらない。子供のころから顔なじみの三人だ。

滑らかな曲線、艶めかしい身のこなし、少々たるんではいるが、男の体とはまったく違う。はじめて見る女の裸体をうっとりと眺めていた。下腹部がふくれて、うずきはじめる。手に持っていたちり紙に放出しようとしたが、もっと若い女性の裸を見ながら射精しようと、ポケットにしまいこんだ。

燃料を切らさず、湯の温度に気を配っていればほかにすることがない。ぴったりと穴に張りつき、次の裸を待つことにした。時計は午後五時をまわっていた。

仕切りのガラス戸が開き、数人が入ってきた、同級生の美代ちゃんがいた。下腹部にタオルを当ててこちらに向かってくる。目の前で立ち止まり、どこに座ろうかと考えている。

穴の真向かいに立った。タオルを手に、洗いおけを右手にしてこちらを向いた。揺れる乳房、黒い茂み。ヌードモデルのような姿で、隣の女性と話をする。じっと息をのみ、食い入るように見入った。早く擦れといわんばかりに肉棒が硬くなる。我慢に我慢をした。気を紛らわそうと一服吸うことにした。落ち着いたところで穴をのぞくと、美代ちゃんの姿が消え、裸の女性たちで混み合っている。

こんな世界があったのか。思いがけない世界を目にしてしまった。裸で混み合う洗い場で、長身の美女が目にとまった。よく見ると、中学の担任だった田村先生だ。その裸体にくぎつけになった。頭の血が逆流する。

サスペンスの女王の片○なぎさに似た目の大きな美人で、タイトスカートと白のブラウスがよく似合う若い国語の教師だった。当時、女子大を卒業したばかりで、まだ学生の面影が残っていた。授業中は先生のスカートの中ばかり想像していた。

目の前にその、あこがれの先生が立っている。しかも、全裸で。長い髪を垂らし、はちきれそうな胸を突き出している。

あれから十年がすぎている。

いまは三十歳をこえているだろう。目の前で匂うような裸体をさらしたまま髪をかきあげげ、動くたびに下腹部の茂みがうごめく。

あの茂みの中に先生の秘壺が隠されているのだ。そばに駆け寄り、茂みに顔をうずめたい。そして淫靡な女臭を鼻腔の粘膜に感じながら、その秘唇を舌で舐めあげ、愛液を吸って飲んでみたい。

ああ、屹立《きつりつ》して先走り汁を流す淫棒を先生の肉襞に入れたい。妄想の快感が次から次へと襲ってくる。先生は僕の思いを知っているかのように腰をくねらす。まるで僕にしっかりと見なさいというように。とうとう我慢の限界がきた。

「あっ、出る！」

思わずうなって、ちり紙に大量のザーメンを放出してしまった。声が大きすぎたので、先生に聞こえたのではと表情を探ると、シャワーをかけていた。

ふぅ……。

ああ、先生としたい。自慰だけでは満足できなくなった。

学生の分際ながら、女性体験は大阪のソープランドで何度か経験ずみだった。あの女陰独特のぬくもりを先生で味わいたい。

どうすればいいか。先生が風呂に来る時間は決まっている。僕が帰省しているのを先生は知らない。近づく方法を考えつづけた。

いい知恵が浮かばないまま、のぞき穴から田村先生の裸を見つめていたとき、口もとにあるホクロのほかに、右乳の下と太ももの内側上部にホクロがあることに気がついた。その瞬間、雷に打たれるようになにかがひらめいた。

「よし、決めた。これでいこう」

手相を研究していると言って先生の手を取り、隠れているふたつのホクロを当てるのだ。驚いた顔で手を預ける先生の表情をうかがい、手を強く握る。風呂あがりで薄着の先生を抱きしめる——こんなイメージを描き出し、自信が湧いてきた。

家に帰ると、山形の親類から送られてきたサクランボの箱があった。

アルバイトが休みの土曜日、先生がいつも風呂から帰る午後八時に合わせてアパートの前で待っていた。

先生が着替えを入れた桶にバスタオルをかぶせ、向こうからやってきた。

「田村先生！」

電柱の陰から飛び出した。

「わあ、びっくりしたわ。啓ちゃんじゃないの。どうしたの？」

足を止め、驚きの表情をしている。

「僕、いま夏休みで帰省してるんです」

「どうしてここに？」

—先生がここのアパートに住んでいると聞いたので、家にあった最高のサクランボを先生に食べてもらおうと思って」

先生はサクランボをちらっと眺めた。

「あたし、サクランボ、大好き。うわぁ、上等のサクランボ」

箱をのぞきこんだ先生から、シャンプーのいいにおいが漂ってきた。

「啓介くん、よかったらコーヒー、飲んでいかない？」

戸惑ったふりをする僕をあとにして、階段をのぼっていく。そして、二階の部屋の前で立ち止まった。

「どうぞ。中に入って、少し待っててね。片づけなくちゃ。ひとり住まいなのできれいじゃないわよ」

「先生、ご結婚は？」

「もらい手がないの。誰かいい人いない？」

仕切りのカーテンの向こうにベッドが見えた。僕がベッドをちらっと見たのを気づいたのか、すばやくカーテンを閉めた。

テーブルの上にビールとコップが並べられた。

ふたりは乾杯とコップを合わせた。すぐに三本の空き瓶が並んだ。

サクランボは食後にと、卓の上に置いたままだった。

「風呂あがりの先生を抱きたい」

頭はそのことだけでいっぱいだった。

「先生、僕いま、手相を研究中なんです」

「ほんと？　見てもらおうかな」

身を乗り出してきた。

「先生のそばにいってもいいですか。手相を見たいのです」

「いいわよ」

少しソファの端に寄り、手をさし出した。

「先生の手、きれいだし、温かい。やさしい人の手ですよ」

「そんなことないわよ」

手を預けたままじっと待っている。手のひらを何度も撫で、指の間を擦った。くすぐったいのか、身をくねらす。

満を持して、のぞき穴で確認ずみのホクロのことに触れてみた。

「先生の口もとに小さなホクロがありますね。ここにホクロのある人は、乳の下側にも一個あるのです」

先生の表情を探ると、少し動揺がみえる。

「そうかしら。今度お風呂で確かめておくわ」

トドメを刺すつもりになった。

「それにね、太ももの付け根にも少し大きいのがあるのです」

「まるで私の体を見たようね」

「先生、どうです。当たっているでしょう?」

酔いと興奮で理性がなくなってきた。握った手に力を入れたが、先生は逃げなかった。先生の肩に手をまわして引き寄せると、拒絶せずに膝の上に倒れてきた。先生の耳を噛んだ。

「ワッ」

叫んで膝にしがみついてきた。先生はブラジャーをつけていない。フリルのブラウスを剝ぎ取ると、オッパイが飛び出した。慌ててホクロを隠した。手を払いのけると豊満な乳房の下にホクロが見えた。

「あっ、やっぱりホクロがある」

「恥ずかしい……やめてっ」

そう言われても我慢できるはずがない。巨乳を口に含んで片方のオッパイを手で揉

んだ。ケーシー高峰《たかみね》ならきっと、

「これがほんとの『すったもんだ』だよ」

といぅに違いない。

「ああ、ああ、ああ……」

吸った揉んだで先生は気持ちよさそうな吐息を漏らした。スカートをめくると太ももの奥に小さな黒点があった。

「先生、やっぱりホクロが」

先生は慌ててホクロを手で押さえた。上半身が裸で、スカートがめくれた先生がソファに倒れている。

「啓ちゃん、こんなところでイヤ。ベッドに連れて行って」

僕は起きあがり、間仕切のカーテンを開けた。シングルベッドが見えた。清潔そうなシーツに枕。きちんとたたんだ下着とブラジャーが目に入った。先生を抱きかかえてベッドに寝かせ、スカートを剝ぎ取った。

一糸まとわぬ先生が目の前に横たわっている。自分もすべて脱ぎ捨て、全裸で先生の上に重なった。互いの体を擦りつけ、下半身を動かして催促し合う。前戯する余裕などなかった。イチモツを握り、蜜液があふれた女陰めがけて一気に挿入した。

「ウッウッウッ」

先生はうめきとも悲鳴ともしれない声を発し、意識を失って動かなくなった。

ぐったりしている先生の蜜壺の中に指を入れてみると、ヒクヒクと反応した。ヌルヌルの感触を確かめながら指をそっと抜く。

「よかった。久しぶり」

先生はなにかを思い出しているのか、僕の背中を撫でながら目を閉じている。少し眠っただろうか。目を覚ますと、彼女は下着をはき替えている。先生の手から脱いだばかりの下着をひったくった。

「なにするのよ。返して」

落とした古い下着を拾い、体のうしろに隠した。

「先生のはいていたパンツが欲しい。持って帰るんだ」

「ダメ、若いのにそんなこと言っちゃ」

笑いながらにらみつけた。

「それよりもっと抱いて」

先生は僕に抱きつき、イチモツをまさぐってきた。

「少し硬くなってる。じっとしといてね」

自分の顔を僕の下半身に持っていき、硬直しかけた陰棒を咥え、首を前後に振りはじめた。やわらかな唇と舌。神経を下半身に集中していると、まるで自慰をしているようだ。

先生が顔をあげて言った。

「啓ちゃん、お願い。会うのは今日だけにして。小さな町でしょ。子供たちや父母の目があるのよ。夏休みが終って啓ちゃんが大阪に帰ったあと、あたしが会いにいく。それまで待って」

「しばらく会えないのか。さびしいなあ」

そんな僕に、やさしい顔をした先生がまるで獣のように裸で襲いかかってきた。夜明けまでからみ合った。目が覚めると、アルバイトの日だった。

午後三時すぎ、銭湯ののぞき穴からのぞくと、まっ先に先生が入ってきた。いつもより、だいぶ早い時間だ。洗う場所を探している。

僕がのぞいている真向かいに腰をおろし、かけ湯をしたあと、左右を確認している。隣に誰もいないのを見届けて股をひろげた。目の前に昨晩、いやというほど触った女陰が見える。彼女はその部分に湯をかけ、秘唇を大きく開いて指を穴にさしこんだ。中をこねまわしている。

指を引き抜き、指先を眺めた。まだ精液が残っていたのか、指先を洗ってもう一度突っこんだ。やっときれいになったのか、二、三回陰部に湯をかけて洗った。

洗い終わったのか、三カ所のホクロを交互に押さえ、目をつむった。昨夜の情事を思い出しているのだ。

あの日以来、彼女の言いつけを守って会っていない。彼女はきっと大阪に来てくれる。それまで待とうと決心した。

しかし、しばらくお預けとなると、愚息が黙っていない。それまでのセックス相手がどうしても欲しくなった。

高校生のとき、同じクラスだった美代ちゃんにねらいをつけた。長身でバレーボール部のキャプテン。卒業してすぐ結婚したが、離婚したようなうわさを聞いた。

のぞき穴から眺める彼女は、どこを触っても感じそうな成熟した体つきをしていた。目の前で立ち止まった美代ちゃんは大胆だった。胸も股も隠そうとせず、おばさんたちの前を行き来する。

「ああ、あの体を抱きたい。あの体が果てたとき、どんな大声をあげるのだろう」

想像しながら愚息をシコシコとしごいていると、あっという間に暴発した。

「抱きたい。なんとかしたい」

願いがかなう日がやってきた。買い物帰りの彼女と偶然出会い、昔話をしながら互いの家のほうへと歩いていた。

「啓介、彼女いるの？」

「いないよ。美代は？」

「バツイチになってから全然よ」

「お互いひとりものか。一杯やろうか」

「啓介、あすの夜はどう？」

「大丈夫だ。そうしよう。でも、懐かしいなあ。キスしたこと、覚えているかい」

「覚えているわよ。はじめてだったもの。啓介は初恋の人よ。あれからいろいろと苦労したわ」

「男でかい？」

「そう、男よ。ろくな男、いなかったわ」

「明日は思いっきり酔おうか」

「わたしも酔いたい」

美代は翌日、約束の場所で待っていた。

乾杯して飲みはじめた。美代は荒れていた。勤務先での人間関係がうまくいかず、次から次と男にもふられ、自暴自棄になっていた。

「啓介、今日、抱いて。私、燃えたい。ねえ、いいでしょ」

ラブホテルにしけこんだ。

「啓介、驚かないでね。私、少し変態かもしれないの。一度寝た男はみんな逃げてしまうの。啓介もきっとそうだろうな」

ブラと下着だけでそばに横たわった。胸も腰も股も、どこを眺めても飽きない。

「啓介、早くしよう」

僕の上にのしかかってきた。口がふさがれ、舌が口の中を動きまわる。舌が口の中で動き、手は下腹部へと伸びてきた。やわらかな乳房で顔を押しつけられ、息ができない。

「苦しい」

それを押しのけると、下半身に顔を押しつけてきた。直立して待っていた愚息をくわえ、上下にしごきはじめる。激しい。

「やめてくれ。もっとゆっくり、やさしく……」

しかし、やめようとしない。

「あっ、あっ、あっ、出る」

美代の弾丸口撃になすすべもなく、白濁液が水鉄砲のように飛び出していった。それを美代は口で受け止め、グッとのどを鳴らして飲みこんだ。

果ててイチモツはしおれたが、それでも口から放さず、またピストンをはじめた。亀頭がヒリヒリしてきた。美代は色々な男に教えられたのだろう。僕がはじめて経験する性技を次々と要求してきた。

「啓介、じっとしとき。あんじょうしてあげる」

耳から首、そして口へとさがり、乳首を舐める。背中、脇腹、下腹、足の裏から指の先まで丹念に吸いつづける。

下腹部へ顔が戻ってきた。舌がゆっくりと回転する。足を押さえられ、両手首をつかまれている。異常な興奮がつづき、美代の舌がアヌスに入ってきた。

「もう、我慢ができない。堪忍してくれ。もう、ダメや」

言葉に出ず、悶える。

「そろそろ、またイキたくなった?」

フェラチオしながら、美代がのぞきこんできた。

「うん、うん……」

「ようし、イクのよ、思いっきり」

ものすごい吸引とピストンがはじまった。

限界が来た。深い谷に落ちてゆく。霧の中を沈んでいく。生まれてはじめての失神を経験した。意識が回復すると、美代の顔が目の前にあった。

「啓介、女はいつもこうなるの。男はつくすだけ。もう一度イキたい？」

「もう、充分や。堪忍してくれ。死んでしまう」

美代と関係を持った男たちは、みなこのように責められて逃げ出したのかもしれない。穴からのぞいた見事なプロモーションの裏に、こんなエネルギーが隠されていたのだ。

夜明けになり、布団から逃げ出すまでに三回も失神させられ、そのたびに先生とのやさしいセックスが懐かしく思い出された。

八月中旬、旧盆が終わると、友人の謙吉の母親が退院した。九月になったら番台に復帰できそうだと、謙吉が言った。

九月になり、僕は大阪の下宿に戻った。

結局、美代とは誘われるまま、五、六回会ったが、先生とはあの夜だけだった。

そんなある日。

「啓ちゃん、明日、大阪へ行く」

先生から公衆電話で下宿に電話がかかってきた。約束した時間に改札口で待っていると、まるで娘のような先生が小走りでやってきた。

先生の三つのホクロを急に思い出した。

「啓ちゃん、あたし妊娠した。どうしよう。結婚したいけど、十歳も年上よ。とても無理。大阪で堕ろして帰るつもり」

一度のおう瀬で身ごもったのだ。今、目の前に立つ十歳年上の先生のおなかに僕の子が宿っている。頭がまっ白で、なにもかもがかすんだ。

やがて、腹が決まった。目の前で途方に暮れている彼女こそ、僕の妻になる人なんだ。これは運命だと思った。

「僕が責任をとる。結婚して元気な赤ちゃんを産んでくれ」

どうしても堕ろすという彼女を押しとどめ、なんとか田舎に帰ってもらった。僕が就職するまで彼女が育て、ふたりで生きていこうと固く約束を交わして。

両親を説得するにはどうすればいいのか。毎日、毎日、悩みつづけた。

三年後、僕は就職。彼女は子供を連れて大阪にやってきた。僕の給料と先生の貯金で、なんとかやっていけそうだった。

僕の父は一度も孫の顔を見に来なかった。母は父に内緒で何度か、僕たち三人と食事に来たが。

大阪で僕たちふたりの年齢差を知る人は誰もいない。彼女は僕よりも年下に見られるのがうれしくて仕方がないのだ。

あの夏休みの銭湯ののぞき穴が僕たちの人生を決めてしまった。もちろん、のぞき穴のことはいまもって女房には明かしていない。

# 閉店後のサービスタイム

会社員（大阪府・四十九歳・男性）

「昼から卸売市場へ商品を取りに行くんだけど、車の運転をしてくれない？」

学生時代の夏休み、私は自宅近くのスーパーで青果部門のアルバイトをはじめた。責任者であるハヤシさんの奥さんから早速、仕事を頼まれた。

「うちの主人、運転できないのよ。若いとき遊びすぎて糖尿で視力が不安なの」

ハヤシさん夫婦は五十代後半とおぼしきご主人に対して、奥さんは四十歳前後とかなり若かった。ほかの店員のリサーチによると、今の奥さんは三番目で水商売をしていたようだという。

無口で愛想のない旦那に対し、奥さんはとても気立てがいい。

店から目的の卸売市場までは片道約一時間。早朝の三時頃にご主人が原付で競りに行き、その商品を昼頃に奥さんがホロつきの小型トラックで引き取りに行くのだ。

「毎日じゃ大変ですね」

「そうよ。だから、あなたに手伝ってもらえれば助かるわ」

「はい、がんばります。こう見えても運転には自信ありますから。免許取り立てですけど、運転大好きなんです」

「あら、よかったわ」

私が運転する横で奥さんはどこか楽しそうだった。私と奥さんは一気に距離間が縮まった。

ときおり大笑いする際に奥さんは、私の二の腕あたりをたたくのだが、女性と接触する経験に乏しい私は、そのたびにドキリとしていた。

その日以降、昼すぎからのドライブが私と奥さんの日課になった。

一週間がすぎたどしゃ降りの日、いつものように商品を積みこんでほんの短時間ホロを閉じている間、ふたりとも全身びしょ濡れになってしまった。

「もう最悪ね、この雨。着替えを持ってくればよかったわ」

奥さんは車に乗りこむと、水が滴るほど濡れそぼった白いTシャツを少しまくりあげて、裾をギュッと絞った。

すると一瞬、私の視界に奥さんのブラジャーが飛びこんできた。車に乗りこむ前から透けていたので、ブルーであることはわかっていたが、じかに目にしたその色彩は私にとってあまりに扇情的であった。

「ん？　どうしたの。急にしゃべらなくなったけど、風邪でもひいた？」

私の気持ちも知らず、奥さんはTシャツをさらにまくりあげながら私の表情をのぞきこんでくる。今度はブラジャーの色だけでなく、乳房のやわらかさも伝わってくる。

「いえ、なんでもないですよ」

かろうじてなにごともないようにふるまったが、奥さんには不自然に映ったようだ。

「いや、なんか変よ。ハッキリと言ってみて。とても気になるからさ」

そうせかすように促されて、私は思いきって言ってみた。

「奥さんの、その、下着が見えたので……」

「えっ、そんなことで動揺してるの。こんなもの、いくらでも見てるでしょ」

「いえ、あまり目にすることはないので……」

「へえ、そうなの」

あまりに扇情的な奥さんの行為を目にして黙りこんだ私に、奥さんの声のトーンが低くなった。

「私のでよかったら、もっと見てみる？」

予想外の展開だ。頭の中がまっ白になりながらも、

「はい、お願いします」

と答えていた。どしゃ降りの雨が降る昼すぎの卸売市場の駐車場には、ほとんど人の気配はない。奥さんはTシャツの裾を首もとまで大きくまくりあげた。

「ほら、しっかり見ていいわよ。なんなら触ってもいいわ」

私は生唾を飲みこんだ。

「ほ、本当にいいんですか」

私は緊張のあまりプルプルと震える指先でブルーのブラジャーに触れた。

「誰もいないから、まくってもいいわよ」

奥さんの声は天使か悪魔かわからなかった。理性を失った私は、なにかに操られるように無言のままブルーの布を押しのけていた。

「ほううっ」

私は言葉にならない熱い息を吐き出していた。やわらかい双肉の頂には、少し年季を感じさせる緋色のポッチが鎮座している。コリコリとした感触が伝わるのは、濡れたTシャツに体温を奪われたからか、それ以外の理由かはわからなかったが、私は思わず自分の顔を近づけ、片方の乳頭に吸いついた。

「アフッ……」

一瞬奥さんの体がヒクつくのがわかった。私はそのまま奥さんに覆いかぶさりたい衝動にかられたが、そのときだった。

「今日はここまでにしときましょ。あっちから人も歩いてくるし……」

いきなり真顔に戻った奥さんに諭され、私は急に現実に引き戻された。そして、自分が犯罪者にでもなったかのような大きな罪悪感に襲われた。

店までの道中、私はほとんどしゃべることもできず、もちろん奥さんの顔をまともに見ることもできなかった。

店に戻ったあと、奥さんはなにごともなかったようにふるまっていたが、私は何度もTシャツの下にある緋色のポッチの感触を思い出していた。

翌日、いつものように卸売市場へ向かった。昨日の出来事は決して忘れてはいなかったが、私はなにごともなかったようにふるまいながら運転していた。

「昨日はちょっと羽目をはずしちゃったわね。こんなオバサンの裸で興奮なんかしちゃ、将来に悪い影響が出るかもって反省したの」

奥さんはそう口火を切った。私は本能的に訴えた。

「とんでもない。僕にとって奥さんはあこがれですから、そんなことを言わないでくたさい」

私の訴えを聞いた奥さんは、

「こんなオバサンでも需要があるのかしら。そんなうれしいことを言ってくれるならもう少しサービスしちゃおうかな」

そんな妖しいことを言いながら、私の股間にそっと手を伸ばしてきた。

「安全運転してね。お願いだから」

そう言いながら、指先で私の棒の先端をコリコリと刺激してくる。

奥さんの力加減は絶妙だった。股間はあっという間にパンパンにふくれあがる。

しかし、熱されたマグマを一気に排出するところまでは許されず、市場に到着したあと、すぐに店に戻ることになった。

「どんな感じ。中途半端でちょっと意地悪すぎるかしら」

奥さんは意図的に私をもてあそんでいるようだった。私は思わず嘆願した。

「お願いですから、スッキリさせてください」

すると、奥さんは笑いながら言った。

「そうね。閉店したあとに、ちょっとだけ残っていてね」

閉店後、タイムカードを押して、もう一度売場へ戻ってみた。予想どおり、奥さんが残っていて、在庫をカウントしていた。

奥さんはニコリとほほ笑みながら手招きをした。促されるままついていくと、売場の端にある資材倉庫にやってきた。

「さあ、みんな帰ったあとだから大丈夫よ」

奥さんはそう言いながら、私のジーパンを脱がせにかかる。女性経験のなかった私だが、これからはじまる快楽の儀式を予想してか、股間の竿棒はカッチカチに硬直していた。

「さすがに元気ね。うちの人は糖尿でアッチのほうは完全にダメだから、こんな元気なのを見るのは久しぶりだわ」

奥さんはそう言いながら私の棒をつかむと、ゆっくりと前後左右にしごきはじめた。

昨日の奥さんの乳頭に吸いついた出来事をごちそうに、昨夜何度もオナニーで放出したはずの竿棒。そんなことにはお構いなしに、一気にマグマを吐出させようとする孝行息子だ。

「ああ、ダメです……イッてしまいます」

思わずそう口にした私に、奥さんが言った。

「どうせなら、お口に出してみる？　だったら、ちょっと待ってて」

そう言うと、そそくさとその場を離れた。そして、すぐに戻ってくると、

「さすがにこのままっていうのはちょっとね」

とつぶやきながら、白いティッシュで私の竿棒全体を拭ってくれた。次の瞬間、竿棒の先端を中心にヒリヒリとした強めの刺激を感じた。

それはレジ係が使用するために設置しているアルコールティッシュであった。

「さあ、思いきり出していいわよ」

ひとしきり私の竿棒を清潔にした奥さんは、おもむろに先端を口に含んだ。アルコールのヒリヒリした冷感から一気に人肌の温感にシフトチェンジし、竿棒はあまりの心地よさに激しく脈打った。私はこのままずっと時間が止まっていてくれればよいのにとだけ考えていた。

クライマックスはあっけなかった。声を出す暇もないほどの勢いで、奥さんの口にありったけの白濁液を放出した。

全部出しきったのを見計らって、奥さんが掌にその白濁を出してみる。

「思った以上にいっぱい出たわね」

笑いながらそう言うと、倉庫の端にある小さな流し台で手を洗うのであった。

その日以降、周囲に悟られないように示し合わせた私と奥さんは、毎日のように資

材倉庫で落ち合うようになった。

それは、私にとっては閉店後のサービスタイムであった。ただ、奥さんにはこだわりがあるのか、決して一線だけはこえようとはしなかったし、私も力ずくでこえようなどとは思わなかった。

私はこの官能的な時間がずっとつづいてくれればいいのにとだけ考えていた。

大学の夏休みは七月から八月末まで二カ月であった。ハヤシさんの奥さんとの秘めやかな閉店後の行為も残すところあと十日ほどになった頃、奥さんは私にある提案をしてきた。

「ねえ、私だけじゃ物足りなくない？」

その問いかけの意味を推しはかれずにいると、

「君の若い元気なエキスを分けてあげたい人がいるの。絶対に秘密は守る人だから、協力してくれない？」

そう言って、奥さんは私に手を合わせながら懇願する。

私には、とくに拒否する理由はなかった。

翌日、私はいつものように事務所でタイムカードを押し、奥さんがいるはずの売場の隅の資材倉庫に入った。そこには精肉売場で働いている顔なじみの、パートの女性かいた。年齢は奥さんより上のおばさんだ。

「来てくれてありがとうね。この人とは昔からのつきあいで、なんでも話す仲なのよ。このことを思わず自慢しちゃったら、自分もしてみたいっていうから……」

奥さんは少しだけ私に申し訳なさそうな素振りで話すが、すぐに私のジーパンを脱がしにかかった。

精肉売場のパートおばさんは、あからさまに頬を紅潮させながら私の足下にひざまずくと、すでに硬直した私の竿を間近でじっと凝視する。そして、

「本当にこんな元気なモノを見るのは久しぶりだわ。そうね、十年以上は確実に見てないわね」

と、感動しきりといった様子で、うわ言のように言う。そして、

「ねえ、触ってもいいの？」

と、上目遣いで聞いてきた。私はふと横にいる奥さんを見た。

「大丈夫よ、きちんと許可は取っているから。ね？」

と、同意を求めてくる。私は言葉で答えるかわりに、おばさんの口もとに亀頭を突き出した。

「んぐっ」

精肉売場のおばさんは、くぐもったうめき声とともに私の竿棒を呑みこんでいた。まるで飢えた家畜のように私の竿棒を頰ばった。おばさんの髪を軽くつかむと、少し強引に前後へピストンさせる。眉間にしわを寄せながら苦しそうな表情を浮かべるのも構わず、一気にマグマを発射させた。

グジュグジュ……。

おばさんは私の吐き出した白いマグマを口で受けとめた。

ひとしきり出切ったのを見計らって、私は竿棒を抜いた。

「ああ、本当に若返る気がする。息子より若い子のエキスがもらえるなんて」

そう言いながら、余韻でヒクヒクする私の竿を名残惜しそうに見つめていた。

夏休みが終わったあとも、私は夕方から青果バイトをつづけた。もちろん、閉店後の口淫儀式はつづいていた。ただ、精肉売場のおばさんは旦那さんの税金の都合で週に三回までの勤務しかできなくなり、三人でのサービスタイムは一日おきのペースになった。

そんなある日、奥さんが真剣な表情で言った。

「もしかしたら、近いうちに店を辞めることになりそうなの」

私は平静を装っていたが、内心おおいに動揺した。

「うちの人にどうやら悪性のガンが見つかったの。お医者さんの話ではかなり進行していて抗ガン剤の治療もあまり期待できないっていうのよ。うちの人と話し合ったら、残りの人生が少ないのなら生まれ育った地で死にたいっていうの」

奥さんは話しながら次第に涙声になっていった。そんな奥さんの様子を見ながら、私はどう反応してよいのかわからず立ちつくしていた。

「だから、ここで楽しむこともできなくなるわ。ごめんね」

奥さんはなぜか私に謝る。

「そんな謝ることじゃないですよ。それよりもオヤジさんがそんなに大変な病気だったなんて、気づくこともできなくて申し訳ない気持ちでいっぱいです」

「誰も知らないわよ。絶対に他人に弱みを見せない人だから。だから、店を辞めるときもあくまで生まれ故郷で商売をする話があるからってことにするの。このことは絶対に誰にも言わないでね」

そうクギを刺された。

「早ければ今月いっぱいということになりそうだから、最後になにかお礼をしないとね。なにがいい？」

奥さんは、ほほ笑みながら聞いてきた。その瞳の輝きは、まるで私の答えを見越しているのではないかと感じた。私は迷うことなく告げた。

「奥さんとしたいです、最後まで」

奥さんは即座に答える。

「そうね。私もそう思ってたわ。でも、最後はここじゃなんだかもったいない気がするから、ちゃんとしたところでね」

そう言いながら、奥さんは私に同意を求めてきた。私は何度もうなずいた。

数日後、店中にハヤシさん夫婦が店を辞めることが伝わっていた。スーパーにとって、青果部門は欠かすことができない客ゲッターだ。とりあえず本部から応援が来ることになり、専任の担当者が決まるまでつなぐのだと聞いた。

ハヤシさんのご主人は、この数日で急激に老けたように見えた。気持ちの面で相当参っているのだと思うが、しっかりと引き継ぎができる状態ではなかった。それに引っぱられる形でこの数日は閉店後のサービスタイムは実施されなかった。

そんななか、奥さんに声をかけられた。

「引き継ぎのほうはだいたい目途がついたから、明日、昼間に会えない？」

大学の授業があったが、この際そんなものはどうでもよかった。

念願がかなう日がやってきた。前の晩、私はほとんど眠れなかった。その原因は奥さんと会えなくなるさびしさもあったが、明日自分が真のオトコになれることの興奮もあった。

昼前にミナミで落ち合った私と奥さんは、ビルの上階にあるしゃれたレストランで食事をした。もちろん、奥さんのチョイスである。

「これから色々な恋愛を経験すると思うけど、忘れてはいけないのはやさしさだからね。どんなにケンカをしても、最後はお互いが許し合えればそれでいいの。それができなければ、別れるしかないんだから。当たり前のことだけど、それが意外に難しいんだけどね」

あえて当たりさわりのない話をしているように見えた。

「じゃあ、行こうか」

奥さんにそう言われて、私は伝票を持ってレジに向かった。

「本当はごちそうしようと思っていたのよ」

奥さんはそう言った。しかし私は、

「ここは男ががんばるところでしょう」

と言った。

奥さんはやわらかくほほ笑みながら、

「そうよね。これからもがんばらなくちゃね」

と言いながら、私の背中をポンとたたいた。

道頓堀《どうとんぼり》の裏通りに入ると一気に人の数が少なくなった。

「ここにしようか」

奥さんが立ち止まったのは、目が痛いほどまっ白な壁が印象的なホテルの前だ。

「ど、どこでもいいですよ」

私は一秒でも早く屋内に入りたかった。

「ああ、奥さんの中に入りたい」

これからはじまるであろう奥さんとの一戦を想像するだけで、股間はパンパン。痛いほどカチカチになっている愚息はすでにがまん汁を垂れ流していた。

奥さんが選んだ部屋に入ると、そこは見たこともないほど乙女チックに装飾された空間がひろがっていた。

私は奥さんに促されるままシャワーを浴びた。いつもより念入りに全身を清めていると、不意にシャワー室の扉が開いた。

「どうせなら、一緒にシャワーしましょう」

そう言いながら、全裸の奥さんが入ってきた。成熟した白い肌。釣鐘形のオッパイ。

旦那をはじめとする男を喜ばせてきたであろうむっちりとした太もも。それをデザインするかのように、黒いアンダーヘアが見事に生えそろっていた。

すぐにでもむしゃぶりつきたかったが、奥さんの、

「ベッドでね」

のひとことで、必死に衝動を制御した。

ベッドルームの照明を薄暗く調整した奥さんが、

「さあ、いいわよ」

まるで徒競走の号砲のように言った。せっけんのにおいを発散させて全裸で横たわる奥さんに、がばっとかぶさった。

「やさしくしてね。乱暴にしちゃ、女性はいやがるのよ」

唇を貪った。ぬるぬる感が気持ちいい。弾力のある乳房を揉み、突起した緋色のニップルを吸う。へそから黒い茂みへとおりていき、狂ったように舐めまわした。

「うふ、くすぐったい」

奥さんの声を無視するかのように、割れ目に顔をうずめてコンコンと湧き出る愛液をすすりこむ。

「痛いわ。もっと、落ち着いて」

なにしろ、はじめての女性相手だ。興奮しないほうがおかしい。

「しようがないか。経験がないんだもんね。いいわ。教えてあげる」

そう言うと、奥さんは自分で局部を開いた。

「ここがクリトリス。その下にあるのが尿道。その下が男の人が入る膣口。クリトリスと膣をやさしく往復して舐められると、女性はみんないっちゃうの。やってみて」

ギンギンにそそり勃《た》つ愚息をなだめつつ、奥さんに言われたとおりに花弁状の襞と真珠の光沢を放つ突起物の間を唇で何度も往復した。

「ああ、気持ちいいわ。上手よ」

「奥さん、もうがまんができません。入れていいですか」

「いいわよ、安全日だからそのまま入れて」

開脚したその中心部をめがけ、腰を押し出すように挿入した。生温い感触で、快感が次から次へと押し寄せる。夢中で腰を振ると、呆気なくスペルマが吐き出された。

とうとう私がオトコになった瞬間である。

奥さんに導かれるまま、そのあと何度も果てた。私はこのままずっと奥さんと一緒にいられるのではないかと考えていた。

ベッドをおりる直前、私はボーっとしながら、うわ言のように言った。

「このまま一緒に暮らせないですか」

「そんなバカなことは考えないの。あなたには、これから輝かしい未来があるんだから。こんなことは記憶から消し去ってもいいのよ。私も絶対に忘れられないと思うけど、忘れる努力はするわ」

そんな言葉に、私は思わず奥さんにしがみついていた。

「ダメ、ダメ。さあ、帰るわよ」

最後は奥さんに押しのけられ、私は帰路についた。

翌日、夕方に店に出ると店長に声をかけられた。

「ハヤシさん夫婦は今日、北海道へ帰ったよ。君には本当にお世話になったって」

「そうですか」

と、私は短く言っただけで、そそくさとその場を離れた。

精肉売場の前にさしかかると、カウンターの奥から視線を感じた。閉店後の資材倉庫で奥さんと一日おきに口淫サービスをしてくれた、あのパートおばさんだった。ニコリと笑いかけてきたので一応頭をさげたが、私はその瞬間、この店でのアルバイトをやめる決心をした。

奥さんがいなくなった状況で、あのおばさんと楽しめるイメージはまったく湧かなかったからだ。私はその日、店長に辞めることを伝えた。

それから約三十年がすぎた。私は平凡なサラリーマンとなって平凡な結婚をし、今はハヤシさん夫婦と出会った地元にいる。

すでにスーパーはなくなり、飲食店にかわった。しかし、その前を通るたびに、奥さんとの、閉店後のさまざまな光景がフラッシュバックする。

# 母乳が飛んだ

英語教師（千葉県・四十六歳・女性）

その人を見たとき、瞬間で乳首が勃《た》つのがわかりました。私は日頃から性的興奮を覚えると、すぐおっぱいが反応してしまうのです。

まだ新婚一年なのに……どうしよう。いけない。ありえない。愛する夫と楽しい生活を送っているのに。かかわらないようにしよう。そうよ。知らんふりしよう。同じ職場だからって話をしなくちゃいけないわけじゃないんだもの。

そう自分に言い聞かせてみたものの、職場に行けば目は彼を追うばかり。近寄りたい。話したい。私を見てほしい。強い欲求を抑えることができなくて、自分からその人に接近していったのです。

私は新婚一年目の、公立中学校の英語教師で二十九歳。

ある日、「求む、短期英語堪能スタッフ。パソコン修理センター。八月の一カ月間のみ。時給二千円」という新聞折りこみの求人募集を見つけて応募したところ、即採用の連絡が来たのです。英語での電話応対の業務。もちろん、学校には内緒です。

八月一日。盛夏。今日から楽しみにしているバイトのスタート。その職場は自宅からバスと徒歩で三十分と近いのも魅力でした。どんな感じの職場かわからなかったので、まずは地味にしていこうと思い、白い半袖のブラウスに膝上の紺色タイトスカートにしました。

メークは明るい感じにして学校で授業をするときより華やかな印象になるようにして、目もとにブルーのアイラインを入れると、夏らしい爽やかな印象になりました。

私は身長百五十七センチ。体重五十四キロ。どちらかというとむっちりしていて、バストはEカップ。ヒップも大きい肉感的な体形。透き通るような白い肌だね、とよく褒められます。

学生時代からスポーツが大好きで、高校時代は弓道部、大学時代はバドミントンをしていたので、背筋が硬くて盛りあがっているのも自慢です。

顔は面長、切れ長の二重で唇は薄く、黙っていると冷たくて厳しそうな先生に見られることがたびたびあります。でも、実際は明るく社交的で人見知りしない性格。そんな私がたった一カ月バイトした先は、某有名外資系パソコンメーカーの、外国人相手のクレーム処理係でした。

ドキドキしながらの初出勤。朝九時に会社のドアを開けると、背広姿の中年男性がにこやかに近づいてきました。

「今日からバイトに来てくれる高橋《たかはし》なつみさんですね。私はここの責任者の三田《みた》です。これから一カ月間よろしくお願いします」

そう言って、丁寧に頭をさげてくれました。

「はい。こちらこそ不慣れですが、よろしくご指導ください」

オフィスを見わたすと、電話が十台並んでいて、すでに六人のスタッフが応対に追われていました。

「英語の先生なんでしょ。よかった。外国人から電話があったら、すべて高橋さんにまわしますからお願いしますね。ここにいる全員、英語は話せないから助かります」

毎日、毎日、電話がバンバンかかってきました。たいていのお客様が怒っていて、「買ったばかりなのにもうバージョンアップした新しい機種を販売するなんて許さない！」

という、いらだちのクレームばかり。ほぼ百パーセントが男性客でした。

「お客様、このたびはご不快な思いをさせてしまい、たいへん申し訳ございません。

お手もとのパソコンをお送りいただけますか」

「じゃあ、君が取りに来てよ。そしたら許してあげる」

「キミ、かわいい声だね。いくつ。スリーサイズは。美人なの？」

毎日がセクハラの嵐、英語版。

「年は四十歳。上から九十、九十、九十。すごいブサイクですがよろしいでしょうか」

どんな相手にも動揺せず、明るく上手にかわしていました。

そんな電話担当室のすぐ隣に広い作業室があり、二十人ほどの男性がいて、日々大量に送られてくるパソコンと向き合い、なにやら処理していました。

その中に見つけてしまいました。私の大きな胸を打ち抜いたその人を……。

作業室担当の部長、山田《やまだ》わたる。当時三十七歳で私より八歳年上でした。

その男は、今まで私のまわりにいなかった一見ヤクザふうの、無愛想でワイルドなタイプでした。陽に焼けていてがっちりした体形。切れ長の目にすっと高い鼻すじ。やや長髪に口ヒゲ。背は百七十センチくらいのやせ型。まだ新婚一年目で北海道から単身赴任中のひとり暮らしでした。

家賃が安いからという理由で会社の近くではなく、一時間半もかかる埼玉県内のアパートに住んでいることをほかのスタッフから聞きました。酒が好きで、仕事帰りは毎日飲みに行っているという情報も得ました。

私も大の酒好きなので、そこを接点にして近づきたいと思いながらチャンスをねらっていました。

八月の半ば。世の中はお盆休みなのに相変わらずの忙しさ。電話は鳴りつづけ、パソコンは毎日どんどん送られてきます。スタッフの疲れがたまってきたのを見かねてか、会社が暑気払いを企画してくれたのです。

会社近くの駅前にあるお店を貸し切って、飲み放題、食べ放題のパーティー。参加者が約三十人の大宴会。よし。この日しかない。ひとめぼれしたあの人と少しでも親しくなれるように、とにかく私のことを印象づけようと接近しました。

「あの、はじめまして。電話対応担当の高橋です。山田部長、お酒はなにがお好きですか。私はビール派です。ワインも大好きです」

「ああ、英語ができるっていう人だね。よろしく。俺もビール派だよ。それと赤ワインが好きなんだ」

その声、セクシーでまさに子宮に響くほどよい低さ。それにお酒の好みも同じだし。勇気を振り絞って話しかけてよかった。

山田部長のグラスに赤ワインを注ぎながら誘ってみました。

「ワインが安くておいしいイタリアンのお店を知ってるんです。会社の近くだから仕事帰りにご一緒しませんか」

「いいのか。人妻なんだろ。俺にはかかわらないほうがいいぞ」

えっ、なんで？

かかわるなと言われるとますます誘いたくなります。

「夫はお酒が飲めないから……一緒に飲む人がいなくてさびしいんです」

と、山田わたる作業室担当部長の目を見つめながらつぶやいてみました。

そのとき、はじめて目と目が合って、彼も私の目を見つめ返したとき、胸がキュンと反応して、おっぱいがひとまわり大きくふくらんだ気がしたのです。

アソコが濡れるのではなく、おっぱいが反応するのはなぜかしら。はじめて彼を見つけたときも乳首が勃ったし。とにかくこの人が欲しい。すぐに、直球勝負に出よう。アパートへ押しかけよう。会社の近所で飲んでる場合ではない。計画変更だわ。

そもそもが大きな計画変更だったのです。結婚したらもういっさい恋愛沙汰から手を引いておとなしくしようと思っていたのに……。

確かに結婚前は約十人の男性とおつきあいしました。セックスが大好きな私は、性格よりも身体の相性に重点を置いていました。デートパターンはどの男性もほぼ同じで、食事、お酒、それからホテルまたは男の部屋。でも、待ち合わせのあとすぐホテルへ直行して終わったら帰るというほうがいいのにと、いつも思っていました。

セックスって、楽しくて奥が深くてなんて素敵なんだろう。まだまだやってみたい体位がたくさんあるのに、ごはんを食べている場合じゃないわ。でも、さすがにそれを口には出せません。人よりも性欲が強いんだなと自覚はしていました。

新婚の分際でひとめぼれしてしまった山田わたると、まずは身体の相性を確かめなくては。それにはどうしても彼の住む街へ行く口実が必要です。どうやってわざわざ彼の住む街で待ち合わせをしようかしら。

暑気払いから一週間たったある日の昼休み、わたるがひとりで近くのパン屋さんへお昼ご飯を買いに行くのを確認した私は、さりげなく自分もパンを買うふりをしてあとを追いかけました。

「山田部長、今週土曜日の午後、埼玉のデパートに用事があって。そのあと、一緒に飲みに行きませんか」

もちろん、埼玉のデパートに行くなんてウソ。そのあとアパートに押しかける計画を実行するための口実です。

「へえ、わざわざ田舎のデパートで買い物なのか。まあ、俺は週末ヒマだし、いつも家にいるからいいよ、つきあうよ」

やった。うれしい。そうだ。その日は高校時代の友人宅に泊まるって旦那には言おう。絶対に、わたるの部屋に泊めてもらわなきゃ。

土曜日、夕方五時、まだまだ残暑が厳しく、一時間ちょっとかけて埼玉県内の小さな駅に着いたとき、淡いブルーのワンピースに腋汗がにじんでしまいました。彼のアパートの最寄り駅で待ち合わせ。わたるは五分遅れて到着しました。

「腕時計、売ってきた。遅れてごめん。今夜の軍資金だ」

手に握った二万円を見せる彼。衝撃的でした。

夕飯を食べに行くお金を工面するために腕時計を二万円で質屋に売るなんて。そんな貧乏なの、この人。やっぱりかかわらないほうがいいのかしら。

そんな私の困惑した表情を察したように——。

「今夜は特別だ。なんでもおごるよ。だけど、今夜だけだぞ」

本当にそのとおりでした。その夜以降はいつも割り勘、または私が支払担当になりました。

駅前の焼肉屋に入りましたが、このあとのことを想像すると緊張しすぎてあまり食べられませんでした。ビールを飲んで軽く食事したあと、お店の外に出るとまだ午後七時前。よし。まだ夜はこれからなのです。

「じゃあ、また来週の月曜日。気をつけて帰れよ」

ちょ、ちょっと待ってよ、本番はこれからなのに……。

「あのぉ、どんなところに住んでるのか見せてもらえますか。興味があるの。ひとり暮らしってしたことないし。ちょっとのぞいたら、すぐ帰るから」

ウソ。あがりこんで自分で脱ぐ計画なんだから。身体の相性なんてセックスしてみないとわからない。でも、女の勘が叫んでいる。この男はおまえとぴったりだと。

「しかし物好きだな、俺の部屋が見たいなんて。単身用の狭くて薄っぺらな部屋だぞ。ここから歩いて十分だからついてこい」

そっけない態度でずんずん歩いていく山田わたる部長のあとを小走りについていきました。白い外壁二階建てのアパート。一階角の部屋の鍵を開けると中に招き入れてくれました。

「コーヒーでも飲むか」

返事をせずに、わたるがつけたばかりの電気をバチッと消しました。無言でブルーのワンピースを脱いでブラとパンティーだけの姿に。

「あなたとセックスしたいの。一度だけでいいから」

わたるはかなり驚いた様子で私の下着姿をじっと見ていました。

「玄関で服を脱いだ女は、はじめてだ。早くあがれよ。ベッドへ行くぞ」

あわてて靴を脱いで部屋にあがり、わたるのあとを追ってベッドルームへ。無言で彼も服を脱ぎます。ベッドルームとは名ばかりの狭くて天井の低いロフト。ベッドの上で壁に私を押しつける形で座らせると、ブラをぐいっとさげて乳首を吸いました。吸うだけではなく甘噛みしながら。えっ、痛っ、なんで噛むの。噛む人なんてはじめて。だけど乳首だけじゃなくあそこもジンジンする。

「どうした。俺としたいんだろう。いやならやめるぞ」

「やめないで。いやじゃない。噛まれると、すごく気持ちいいから……」

「だろ。おまえ、痛いの好きだろ。すぐわかったよ」

ぞくりとしました。今までそんなことを言う人はいませんでした。乳首はただペロペロ舐めるだけのものだと思っていました。

「おまえ、おっぱいでかいくせに乳首は小さいんだな。俺は黒ずんでて、大きないやらしい乳首が好みなんだよ」

乳首から口を離すと、私の両足を立てて足首をグッとつかみM字スタイルに。その舌暴なやりかたにぞくぞくします。

両足を開いたままの格好でアソコをペロリと舐めました。

「いやん。舐めるのダメ。恥ずかしい」

次の瞬間、イタ気持ちいい電流が走りました。

「うっ、あぁん、なに、そこ、なにしてるの……すごい、いい、もっと……」

「クリトリスを単体で吸っている。いいだろ、ここを直接吸うと」

力が抜けてお尻がずりさがってきたとき、両足首をぐいっと引っぱられていきなり挿入されました。

待って。見ていない。まだ見ていないのに、わたるのおち○ちん。ああ、でもいいわ、わかるから。形がわかる。自分の中で。膣にぴったりハマっている。

肌が吸いつく。入れているだけでどんどん愛液があふれてくる。こんな感覚、はじめて。やっぱりそうだ。

「ね、もっと、もっとして。抜かないで。もっと、動いて。お願い」

私の目をじっと見つめながら、無言でピストンします。汗がぽたぽた落ちてくる。この人も必死なんだ。全力で私とセックスしてくれている。うれしい。これで満足。

そう思ったとき――。

「うっ、ダメだ。ごめん。もう、出すぞぉ……」

私の腹の上に放出して果ててしまいました。私のくぼみとわたるの突起がぴったりハマる感じです。

世の中にたくさんある鍵の中で私の鍵穴にぴったりハマって、カチャッと開いた鍵が彼。身体の相性がぴったり合うということをはじめて実感してしまったのです。

でも身体の相性が合う以外、わたるはすべてにおいて最低の男でした。お金はないし、ヘビースモーカーで酒癖が悪い。深酒しては暴れる。言葉遣いは乱暴で、もちろん、愛想なんてこれっぽっちもない。知らない人にはヤクザに見られます。

そんなわたるのアパートへ毎週末必ず通うようになりました。電話応対のバイトが終わってからもずっと。自宅から電車を乗り継ぎ、約九十分かかる埼玉の田舎町。いくら家賃が安いからってこんな田舎に住まなくてもいいのにと思いながらも、せっせと通いつめるのでした。

何度も、もう今日かぎり別れようと行きの電車の中で誓いました。いいかげん夫への言い訳もつきてきたし、不倫がばれる前にやめなければ。

けれど、肌が触れたらすぐ決心は溶けてなくなる。無駄なこと。だってお互いが吸っつく肌だから、吸いついて離れないから。どうしたら離れられるのだろう。嫌いになれるのだろう。簡単なこと。セックスしなければいいの。どうせ身体だけなんだから。でも、ダメ。どうしてもやめられない。忘れられない、あのぴったり感。

後ろめたさを引きずりながらのおう瀬をつづけていくうちに、だんだんと冬の気配が増してきました。

クリスマスの装飾が街を素敵にドレスアップしていくこの季節。十二月前半。外食はお金がかかるから、いつも土曜日の夕方はアパートへ食材をかかえていきます。今日は職場の送別会があるから遅くなると夫にウソをついて出てきました。

今夜は野菜と牛ひき肉パスタ。つまみに野菜のマリネ、ほうれん草のバターソテー。一本二千円の赤ワイン。これで豪華なディナータイム。狭くてキッチンとはいえないようなスペースでふたつコンロを駆使して手早く作ります。

まず赤ワインで乾杯して、それからビールを飲みながら、できたての料理を食べてしゃべってテレビを見て、お風呂に入って部屋を暗くする。いつも同じパターンのくり返しです。

ここからが一番好きな時間。そう、待ちに待ったセックスの時間。狭いベッドへ行く。私の声がうるさいからといって、彼は必ず音楽を大きめの音量で流します。

最初のセックスは早くイキすぎたことを後悔しているわたるは、前戯を長い時間、といっても一時間くらいですが、じっくりジリジリと責めます。まず乳首から。乱暴に吸って嚙んでひねりあげる。何度も何度も飽きずにずっと。

「あっ、あうっ、そ、そんなに強くしないで。ダメ……もう……あぁぁん」

翌日は必ず乳首がヒリヒリして、ブラに擦れて痛くなるのがわかっているのに。だけど気持ちよくてやめてと言えない。

「おまえの乳首、なかなか大きくならないなぁ。色も薄いままだし」

黒くて大きい乳首なんていやよ。本当になったらどうしよう。

「ねえ、もううずいて我慢できないの。早く入れてください」

教科書に出てくるような、きれいな形をした亀頭がググッっと入ってくる。この瞬間と感触がたまらなく好き。膣壁がぴったりと張りつくのがわかるこの瞬間。動かなくていい。このままでずっとこのままで。

そんな蜜月がまる三年間もつづきました。そして単身赴任期間が終了して、わたるは北海道へ帰ることになりました。私が三十二歳のときです。泣く泣く別れることになりました。彼が北海道へ帰ったあと、私はしばらくさびしさを埋められずにぼんやりとしていました。

でも、仕方ない。これでよかったのよ。夫と仲よく暮らせばいいのよ。早く子どもが欲しい。子作りに専念しよう。

そして一年後、三十三歳で女の子を出産。子育て、教師の仕事、家事に忙殺されて、わたるのこともだんだんと記憶から薄れていきました。

それからさらに一年がすぎたときのこと。またわたるが私の住む町に単身赴任でやってきて、あのアパートで暮らしていることを元同僚から聞いてしまったのです。

久しぶりにあのバイト先の仲間での飲み会に参加したときに、さりげなく彼の勤務先の電話番号を聞き出すとすぐに電話をして、二年ぶりに会う約束をしたのです。

秋も深まる十一月のある金曜日夜六時、彼のアパートへ直接向かいました。

わたるから「少しも変わっていないな」と褒められてほっとしました。

じつは出産後、一度もセックスしていない私は、穴が塞がってしまったかもと真剣に悩んでいたのですが、わたるとはそんな心配は無用でした。

荒々しいわたるのセックスがはじまると、私のEカップが敏感に反応。あまりの気持ちよさになにやら白い液体らしきものがピュッと、二メートルほど勢いよくきれいな弧を描いて飛んだのです。

まさか飛ぶなんて……。

もう、おっぱいあげるのをやめてから三カ月たつのに。もう、母乳は止まったはずなのに。わたるも私もお互いの結合した部分をそのままにしながら、しばらくぼんやりと母乳が飛んだ先を見つめていました。

「おい、なつみ、今、飛んだのって潮じゃなくて母乳だよな。おまえまさか妊娠しているのか」

「黙っていてごめんなさい。つい言いそびれちゃって。じつはね、妊娠してるんじゃなくて一年前に出産したのよ」

「ほんとか。いやあ、びっくりした。まさか出産したなんて。おい、いいのか、夜九時だぞ。おっぱい飲ませる時間なんじゃないのか」

「大丈夫よ。もう一歳だから母乳はやめたの。普通の牛乳を飲ませてるわ。今夜は実家に預けてきたし。まさか母乳が飛ぶなんて思わなかった……」

「母乳があんな遠くまで飛ぶところはじめて見たよ。もう一回見たいなぁ。それに飲んでみたい」

「いいわよ。そんなこと、お易いご用よ」

「俺の女房、貧乳で母乳もまったく出なかったから、すげえなって感心したよ。ほんとすごいよ。なつみ、もう一回、母乳を飛ばしてくれよ」

とんだハプニングで二年ぶりのセックスが中断してしまいましたが、なんだかすごくうれしそうな彼は、また迫ってきたのでした。

対面座位で彼の膝の上にまたがり挿入。右のおっぱいを甘噛みしながら左の乳首をぎゅっとひねると、ピュッと母乳が飛ぶ。

「あああぁ、すごい。ううっ、痛くていい。もっと、ひねってぇ」

大きな声で叫んでしまうくらいの快感。出産前は感じたことがないものでした。うるさくて思わずわたるが手で口をふさぎます。

「おぉ、いいぞ。すごい勢いで飛んでる。俺にも飲ませてくれ」

今度は左のおっぱいを吸いながら右の乳首をきゅっとつまみ、ピュッと飛ぶ直前に口を開けて母乳を受け止めたのです。

「うおぉ、はじめて飲んだぞ。なんだか甘い。不思議な味がするんだなあ」

母乳が飛ぶ瞬間に膣内もぐいっと締まるのがわかるのです。私も気持ちいいし、彼もそれ以上に気持ちよさそう。よかった。女を取り戻せた気がしました。

でも、そのあとはつづきませんでした。一歳になったばかりの小さな子どもを置いて週末出かけるのは無理なこと。

セックス中に母乳が飛んだのはその日だけの貴重な体験でした。あの快感をもう味わえないのかと思うと、とても惜しい気がします。

# いとしの女総務課長

会社員（大阪府・五十三歳・男性）

今から二十五年ほど前のこと。当時まだ二十代後半だった私は、大阪府下のビルメンテナンス会社に在籍。設備管理用員として中央区にある、某大手企業の入る建物で働いていました。

その出向先の担当上司というのが、廣瀬陽子《ひろせようこ》さんという当時まだめずらしかった女性の総務課長。私よりひとまわりほど年上で、まだ四十歳手前だったと思います。

女性としては背が高いほうで、私よりやや低いくらい。美人のうえに独身だったので、社内に彼女をねらう輩は多かったでしょうが、どことなく凜として隙のない印象。うかつに近づけないような雰囲気を持っていたせいか、彼女に関しては浮いたうわさなど聞いたことがありませんでした。

仕事ぶりもしっかりしていて、同僚や部下に厳しく接し、上司や取引先でも納得のいかないことにはきちんと抗議するようなタイプだったので、私は尊敬の念すら抱いておりました。

そのような大きな会社に出向している下請の身の常として、挨拶も返してもらえないような冷遇をうけることが多々あるのですが、廣瀬課長は他社の人間であるわれわれにはいつもやさしく、丁寧に笑顔で挨拶を交わしてくれるような人でした。

それゆえ当時の私のような、うだつのあがらない若造にとっては、まさに高嶺の花。ほのかな憧憬の情は胸に秘めておくことしかできないのでした。

そんなある日、いつものように事務所の蛍光灯交換の作業をしていると、なんとなく総務課の社員さんたちは、業務終了後のパーティーの相談などしながら楽しそうに浮き立っているご様子。門外の私などにはかかわりのないことと、黙々と作業をつづけていたのですが、じつはそれは廣瀬課長の上海《シャンハイ》支店への栄転を祝う、部内の送別会についてだったというのを私が知ったのはあとになってからのこと。そうだったのかと心が沈んでしまいました。

その夜、さびしくなったオフィスでようやく残業を終え、ひとり家路につこうとしましたが空腹を抑えきれず、適当な食事にありつける店を求めて心斎橋筋《しんさいばしすじ》を渡り、ハードロックカフェの前を通って堺筋《さかいすじ》のほうへ歩いていると、向こうから酔っぱらいらしいふたり組が、よたよたと肩を組んで歩いてくるのが見えました。

しかし近寄ってみると、それはただの酔っぱらいなどではなく、なんと廣瀬課長と人事課の若手女子社員、杉本良子《すぎもとよしこ》さんだったのです。

「名前、杉本わるい子やったっけ」

「よし子です。電車なくなりますよ、課長」

「もぉ、つきあい悪い子やなぁ」

私は一瞬にして硬直し、知らぬふりをして立ち去るか、挨拶するべきか迷いましたが、杉本さんと目が合ってしまい、間髪をいれずに廣瀬課長にも見つかってしまいました。

「あれ、小山《こやま》くん、なにしてんの」

「あっ、課長、お疲れさまです。先ほど業務が終わりまして……」

「あぁ、お疲れさま。でも……今、なにしてんのって聞いてんの」

そう言って、課長は私に腕をからめてきました。

「いえ、ちょっと食事でもと思いまして……わっ、酒くさい！」

「なにぃ。小山くん、今のなにぃ。悪かったなぁ、酒くさくて」

ろれつのまわっていない口調でいい、私の首をしめます。

こんなにだらしなく乱れる彼女の姿は、昼間の仕事ぶりからは想像すらできません。

面食らっていると杉本さんが目線を合わせてきて、一方的にうなずきます。

「よかったですね。課長、小山さん、つきあってくれますって」

「ほんま？」

「えっ、そんな……」

「じゃぁ私、終電に乗りますんで」

彼女は私たちを置き去りにして、市営地下鉄の入口のほうへ駆けていきました。

思ってもいないかたちで、あこがれの人とふたりきり取り残されてみると、にわかに私は緊張し、途方にくれてしまいました。

「おなか、すいてんのん。ここ、入る？」

そんな私の様子を知ってか知らずか、私の肩に手をまわした彼女は、すぐ横の居酒屋を指さしました。

「えぃらっしゃい。おふたりさまで」

ハッピ姿の店員さんに四人がけのテーブル席に案内され、対面に座ろうとすると、廣瀬課長は自分の隣の座布団を手でたたきながら、

「こっち」

酔っぱらいの座った目つきでにらみつけました。

腹の足しになるようなものをつまみながらビールを空いた胃袋に流しこむと、にわかに私の気分もほぐれ、この降って湧いたようなありがたい状況を心から堪能しようとする気持ちが生まれていました。

課長はなぜか横から私の腰や尻、太ももなどを触りながら、ちびりちびりと杯を傾けています。

私は彼女に体を触られているのが気持ちよく、もっと触ってくださいと思いながら、この甘美な拘束を楽しんでいました。

「なんですか。これはなんですか」

さらに彼女はジーンズの上から、私の股間のものを指先でつんつんと突いてきます。

「わぁっ、だめですよ。酔っぱらってますよ、課長」

「酔ぱらってても、意識はあるのぉ」

なおさら悪いではないかと思いながら、私は課長がからみついてくるのをいいことに、その肩や腰、ときには大胆に太ももに触れてしまっていました。なんだかいつもはツキのない私にも、とんでもないご褒美がめぐってきたように思えました。

「もう、そんなことしたら、大きくなってしまいますよぉ」

「えっ、大きくなるの。どれどれ」

「あぁ……」

私のものはすぐに硬くなりました。

「あっ、だめですよ」

「あれ、興奮してる……エッチ、興奮してるぅ？」

「しますよ。あたりまえじゃないですか」

「あはっ、おもしろ」

「ううっ……」

多少周囲にはばかりながらも、性的な快楽はふつふつと湧きあがってきます。

やがて彼女は無口になると、硬くなったものの形状を確かめるように軽く摘まんでみたり、撫でてみたり……。

……あぁ、気持ちいい。

私は目を閉じて堪えていましたが、彼女の手はやがて硬直の上に置かれたまま動かなくなりました。彼女の表情をうかがうと、眠気に襲われてまどろんでいるように見えました。

「出ましょうか」

私が震える声でささやくと、彼女は小さくうなずきました。

お会計をすませて外へ出ると、まだ冷たい三月の夜風がのぼせた頬を心地よく撫でてゆきました。

「小山くん、ありがとう」

そう言うと彼女は私の胸に頭を寄せて、腰に手をまわしてきました。彼女がいつもつけていたCKのエタニティは、私の好きな香りです。それが体温をはらんで彼女の着ていたうすいベージュ色のスーツの奥からしっとりと立ちのぼってきました。

あぁ、このままずっとこうしていたい……。

南本町《みなみほんまち》の大通りから三休橋筋《さんきゅうばしすじ》のオフィスビルが並ぶ安土町《あづちまち》へ。彼女は私に体重を預けるように寄りかかっていました。傍から見るとまるで恋人同士のように見えたと思います。私はときどきささやきながら顔を近づけ、彼女の髪にくちびるを触れさせていました。すると彼女はおもむろに、私を路地のほうへ押しやって立ち止まりました。

「小山くん、私のこと好き？」

「好きです」

「酔っぱらい、嫌い？」

「廣瀬課長なら、どんな状態でも好きです」

私は遠いビルの窓明かりに目をやっていいました。

「こっち見て言いなさい」

美しい瞳がにらんでいます。

「大好きです」

彼女は私をコンクリートの壁に押しつけると、口唇を重ねてきました。それはむさぼるようなくちづけで、私の口唇周辺は唾液まみれになりました。

「あぁ……キス、久しぶり……」

「僕もです、課長」

「もう、課長はやめて」

「じゃぁ、廣瀬さん」

「だめ」

「陽子さん」

彼女はいたずらっ子のようにほほ笑みました。

「陽子さん……」

今度は私から彼女に激しくくちづけして、つよく抱きしめていました。彼女の肌は火照っていて、スーツの下がうっすらと汗ばんでいるように感じられます。私は興奮してディープに彼女の唇に吸いつき、口腔にまで舌先をさし入れて、ちろちろと愛撫していました。

「あぁ、苦しい……」

彼女はくちびるを離してのけぞりながら、深く息を吐き出しました。

「ごめんなさい」

「おばかさん」

「すみません」

そんなたわいもないやりとりが甘く心地よく、夜のとばりのなかに溶けていきました。

私たちは暗い通りをよたよたと備後町《びんごまち》のほうへ向かって歩いていきました。そこに関東系ビジネスホテルチェーンの一件があり、私たちはそこに入っていきました。

離れようとしない廣瀬課長の腕をめくるように引きはがし、彼女をロビーのソファに座らせて、ひとりフロントに行き部屋をとりました。

ソファのところへ戻ってくると彼女は、

「小山くんのあほぉ、ひとりにしたなぁ」

と言って、子供のように泣きまねをしました。

日頃の課長とのイメージのギャップに、たまらなくかわいらしく思った私は、

「ごめん、悪かったね」

彼女の頭を撫で、思わずそっと抱きしめて、艶のあるショートヘアに口づけしました。クロークの女性従業員が、いぶかしげな目つきでこちらを見ているのが視界に入りました。私は彼女の肩を抱いてエレベーターに乗りこみ、彼女の様子をうかがうと、隆起している彼女の胸のブラウスのボタンの間から、濃紺色のブラと地肌がのぞいていました。

あぁ、たまらない……。

部屋へ入るなり彼女は、また私を壁におしつけ、アルコールまじりの吐息で私の口をふさぎました。

私は陶酔のなかで、やわらかくむっちりした彼女のからだをジャケットの下に入れた手でつかんでいました。指先は彼女のパンツのホックをはずして緩め、白いブラウスをたくしあげて、うっすらと汗ばんだ素肌をまさぐっていました。

彼女の明るいベージュ色のパンツが膝の上くらいまでパサッと落ちました。ブラとおそろいの濃紺色のショーツが、ブラウスの裾の奥にのぞいています。

私はドキドキしながら、ボタンをひとつずつはずしてゆきました。彼女も私のシャツのボタンをはずし、黒無地のタンクトップの下に手を入れて、私の胸板をまさぐるように撫でています。

私は彼女のお尻を揉み、彼女のショーツの隙間から指をさし入れました。指先に潤った彼女の淫肉が触れ、第一関節くらいまでがぬるっとのみこまれたので、かすかにこねまわします。

「あぁぁっ……」

彼女は喘ぎ声を発してへたへたと脱力し、膝を床につけてしまいました。

私はへたりこんだ彼女の両腋を手で支え、ベッドに導いて座らせ、ゆっくりとジャケットとブラウスを脱がせます。

あぁ、ドキドキする……。

彼女はそのままベッドに横になりました。きれいでした。私はブラとショーツだけ、なった彼女を、そばに立ってうっとりと見つめてしまいました。彼女はその間に薄く開いた目をこちらに向け、私のベルトをはずし、ジーンズのファスナーをおろしました。

私の黒無地のトランクスの前がぴょんとテント状に突き出すと、彼女はそれをくっとつかみました。

「あうっ」

私は思わず腰を引きました。彼女はうれしそうにほほ笑むと、下着だけになった私を抱き寄せ、くちづけしました。私はブラの間から手を入れ、乳首を摘まみました。

「あぁっ」

私は乳房を揉みながら、ブラのカップを上に退けるようにしていると、彼女は自分でホックに手をかけそれをはずしてくれました。目の前にさらされた少し左右に流れるようにたゆんだやわらかいふくらみに、私はそっと吸いつきました。

「んんん……」

私の口腔内の唾液にまみれた舌の上で、廣瀬課長のやわらかな乳首が踊るように転がっています。

「あぁん……」

ほんの数時間前まで、まさかこんな瞬間が訪れようとは、想像だにしていません。

私は甘い陶酔の中で、その幸福に打ち震えていました。

彼女は私の髪に顔をうずめ、頭を強く抱いて、両脚を私に巻きつけて悶えました。

私がまた彼女に深い口づけをすると、彼女は私のトランクスの中に手を入れ、硬直したペニスに指をはわせて上下させます。

「あっ、いい……」

そのやわらかな指遣いに私はのけ反りました。

私も彼女のショーツの脇から右手の指を滑らせます。

「あぁっ……」

ぬめぬめと潤った陰唇に指先が触れて、その蜜壺の奥にくにゅっとのみこまれていきました。

「あぁぁっ……あっ、あっ」

ふたりはしばらく互いの性器をいじり合っていましたが、私はもっと彼女に気持ちよくなってほしくなり、彼女のショーツを腹部に舌をはわせながら脱がせ、右手の二本の指をゆっくりと彼女のバギナに挿入し、ふたたびおっぱいに吸いつきながら抜き差ししました。

くちゅっ、くちゅっ……。

「あっ、あっ、いいぃ」

彼女の喘ぎ声が、閉ざされた都会の一室に響きます。

「いい、とてもいいよ……ああっ……」

われを忘れたように喘いでいる彼女の姿がとても妖艶です。

「小山くんの指、とてもやさしい……」

私はうれしくなって、よりいっそう献身的に指を動かしながら、彼女の体をじっくりくまなく舐めつづけました。

よく手入れされたとおぼしき薄い陰毛をいただいた彼女の内ももは透けるように白く、その肌はつゆを含んだようにしっとりとしていて、みずみずしく潤っていました。

私は夢中で舐めまわし、秘肉の襞に鼻先を押しつけて、びらびらの裏側にいたるまでむさぼるように舌先をはわせていきました。そして、課長のお尻の穴まで舐めつくすことが、このうえない悦びに感じられたのです。

「あっ、だめっ……ああっ」

彼女は私の動きを止めさせ、乱れた自分の息を落ち着かせようとしていました。

「もぉ、私ばっかり……お返し……」

彼女は悔しそうにそうほほ笑むと、私をあおむけに寝かせてトランクスを剝ぎ取り、かちかちに震えている肉棒に指を添え、ゆっくり舌をはわせてきました。

「うっ、あああ……」

あぁ……廣瀬課長が私のものを咥えているのです。胸が熱くなり、感動のしずくがペニスの先端からにじみ出ているのを感じました。

「うぅぅっ……ようこさん」

じゅぽじゅぽ、じゅぽ……。

いやらしい音を立てて、彼女がしゃぶってくれています。

「ん、あんっ……小山くんの、おっきいね」

「うっ、そんな……ううっ」

彼女の顔が近づいてきて、また私に深くくちづけしてくれました。

「もう、あかん……」

そううわ言のようにつぶやくと、彼女は体を起こし、跳ねあがった肉棒に指を添えて、密壺の入口に導きました。

「あっ」

「あああっ」

潤った襞がぬめっとペニスの先に触れると、快感のパルスが全身を駆け抜け、私は彼女と同時に声を発していました。

「あっ、んんん……あっ、ああっ、ああっ」

彼女はうめきながら、ゆっくり奥へと沈めてゆきました。

「あっ、あっ、あっ、あああ」

彼女はきつく目を閉じ、私の胸に置かれた指先にぐっと力がこもりました。私は下から手を伸ばし、彼女の上下に揺れる乳房をつかみます。

「ああああっ、いい……あぁ、いい……」

指先で乳首をさわさわといじりました。

「あっ、いいっ、あかん……もう、あかん……」

両方の人さし指と親指で乳首をキュッと摘まんでみました。すると彼女は頭をぶるぶると揺さぶり、恥骨を強く押しつけて、

「あっ、あかん……イクッ。あっ、ぁぁぁぁあああぁっ……」

大きく絶叫して仰け反ると、私の胸にしな垂れ落ちたのです。

しかし、私は遅いほうでした。至福の気持ちを味わいながらも、まだイッていなかったのです。私はぐったりしている彼女の背後から組みついて、ねっとりと挿入し、くにゅくにゅ腰をうごめかせました。

「あん、んん……ああっ」

彼女は喘ぎながら、私のお尻の肉を背面に手を伸ばして支えるようにつかみました。

私はそれにあおられて昇りつめ、果てたのでした。

「なんか、夢見てるみたい……」

窓外に眠るオフィス街の夜景を背に、彼女がささやきました。

私はふと心に浮かんでいた疑問をたずねていました。

社内にはほかにいくらでも男前の連中がいるのに、なぜ一夜とはいえ、私なんかをパートナーに選んでくれたのかという疑問です。

「小山くん、私が子供の頃にかわいがってた犬くんに似てたの……」

彼女は少し眠るように沈黙したあと、そうつぶやいたきり、眠りに落ちてしまいました。

……えっ、イヌ？　ワン公？

私はそれを親近感や安心感の意味と解釈し、自分を納得させて眠りに落ちました。

私も彼女も眠りこんでいました。気がつけば朝八時頃。彼女は休みでしたが、私は出勤日でした。ここからだと職場はそう離れていないので充分間に合います。

「課長、僕、出勤なんで、このまま行きます。ゆっくりしていってくださいね」

「ありがとう。ごめんね」

課長は私の手を取って、小さな声で言いました。

「そんな、こちらこそ……」

私はくちづけしましたが、彼女は私に腕を巻きつけたまま、離そうとしませんでした。

「私と仕事と、どっちが大事？」

「課長……」

「うそうそ、行ってらっしゃい」

仕事をしていても、頭の中は昨夜からの出来事を反芻し、一日中ピンク色の靄がかかったようでした。

しかしそのあと、廣瀬課長と私の間にそれ以上のことが起こったかというと、そうではありませんでした。翌日にはいつも以上に忙しく仕事をこなしている彼女がいました。

「これ、お願いします」

一度、用度物品購入の決済をもらいにいったとき、課長はうつむいたまま書類に目を通し、判をついてくれたのですが、そのあと私を見あげ、意味ありげな視線を投げかけてほほ笑んでくれました。私は自分だけが知る幸せに満たされました。

気の利いた餞別を思いつかなかった私は、職場一同のものとは別に、そっと彼女の使っていたエタニティと、ＶＩＳＡのギフトカードを贈りました。

彼女が最後の勤務を終えた日の翌日、私の仕事場の机のうえには、1万円分の図書カードと、なぜかかわいいシバイヌのぬいぐるみ、それにメッセージが添えておかれてありました。

「さようなら。楽しかった。また、会いましょう。ありがとう」

十数年後、私は三十九歳、彼女は五十代になっていました。

私は彼女をひと目見て驚きました。時を経て彼女の美しさに磨きがかかり、凄艶に輝いているように見えたのです。彼女は懐かしそうにほほ笑みました。

「お元気？」

「おかげさまで」

「終わったら、みんなで食事にいきましょ」

そして終業後、数人のスタッフたちと一緒に天満橋《てんまばし》に近い川沿いのきれいな店に入ると、

「ここ、座って」

あの夜のように、彼女は隣の席を手でたたいて示しました。

食事中、廣瀬さんはテーブルの下で、みんなに気づかれぬようにこっそりと指をからめてきました。私はそれをそっと握り返し、なに食わぬ顔で、みんなとたわいもない会話をつづけたのでした。

# 濡れる夜勤

派遣社員（東京都・四十七歳・女性）

数年前、私は高齢者施設に派遣介護職員として勤務していた。

勤務をはじめて四カ月たったある日のことだ。いつものように夜勤の途中、休憩でお茶を飲んでいると、一緒に夜勤をしていた川田《かわだ》君がためらいがちに話しかけてきた。

「……あのぉ、ちょっとトイレでヌイてきていいですか」

突然の思いがけない問いかけに私は狼狽し、とりあえずオーケーのハンドサインを出すのがやっとだった。

「すみません……じつは俺、彼女と遠距離恋愛してて。さっき彼女とケータイで話してたら勃《た》っちゃって」

しばらくすると彼が戻ってきて、ばつの悪そうな顔をしながら私にわびた。

川田君は入職したてで、二十二歳と若い。その気持ちもわからなくはないが、一応職場なので、私は注意をしておいた。

「まぁね、若いから仕方がないけど、職場では我慢しようね」

私はヤレヤレというような手ぶりをしながらそう答えた。

それからというもの、彼は私なら許されると受け取ってしまったのか、必ずヌキに行くようになった。

そんな彼が、ある日ふと私に聞いた。

「すいません……もう一回行ってきてもいいですか」

いつも一回しかヌキに行かないのに、この日に限って、なぜか二回目に行くと言う。

私は興味津々で彼にたずねた。

「二回目だけど、なにに興奮したの」

「あっ……いや、やっぱいいです」

彼は急に下を向き、手をもじもじさせながら煮えきらない。私はよけいに興味が湧いてしまい、さらに彼にしつこくたずねてみた。

「なに、なに。まさか利用者さんをそういう目で見たんじゃないでしょうねぇ」

笑いながら彼の肩を指先でつつくと、彼は意外な答えを私に言った。

「本当は、先輩のうなじが見えて。それで……」

「えっ　私？」

「……すみません」

思ってもいなかった理由に驚いてしまい、私はその先の言葉が出てこなかった。

「本当にすみません。怒ってますよね」

私が怒りで黙っているのだと勘違いし、彼はひたすら謝っている。私はようやく気を取り直し、彼に言葉を返した。

「いやいや、怒ってないから大丈夫。ビックリはしたけどね」

私は彼の申し訳なさそうな顔を見ながら、さらにつづけた。

「女の子なんていっぱいいるでしょ。なんでこんなオバチャンで興奮するのよ」

私はケラケラ笑いながら話したが、彼の目は明らかに私の首すじや胸もとを見ている。目をそらそうとしても、どうしても見てしまうというループに入ってしまっているようだ。私はどうしたものかと考えたが答えが出ず、ふたりとも黙ってしまうという状態に陥った。

「本当にすみません……」

「あっ……その、もう気にしなくてもいいよ」

沈黙を破ったのは彼だったが、私の言葉はギクシャクしていた。

「先輩はこの状況でも怒らないんですか」

若い男の子に言い寄られて狼狽はしているものの、うれしかった。まったく怒らない私に、彼は隙を見たのだろう。そのまま顔を近づけて、深いキスをされた。

女性ばかりの介護職。出会いのない生活を送っていた私は、彼のとろけるような甘いキスのとりこになった。


この日の夜勤明け、私たちはホテルに行き、激しく求め合った。若い欲望は疲れを知らず、何度も浅く、深く、私を求めてくる。

「あっ……ああ……」

「先輩、ここが好きなんですね」

「だめっ……そこっ……」

部屋には私の悦声と淫らな水音が鳴り響き、背徳感を得ながらの行為はふたりを存分に高ぶらせた。

「ああっ、もう……イキそう……」

「先輩、俺、さっき抜いたんで、まだまだ終わらないから……」

これが俗にいう疲れマラというものだろうかと考えてしまうほど、彼は貪欲に私を求めつづける。

「もう、ダメ。これ以上は無理……」

終了を懇願する私に、彼は容赦なく言った。

「先輩が悪いんですよ、こんなエッチな体して誘うから……」

「誘ってるつもりじゃ……」

彼の動きはいったん止まったが、私の髪をなでながらキスをし、また腰を大きくグラインドさせはじめた。

「あっ、ああ、あっ、あっ」

ぱちゅっ、ぱちゅっと、何度も何度も奥まで突かれ、淫靡な音がさらに私たちを高ぶらせていく。

「……ああッ……んっ」

「先輩の体、最高です……気持ちいい」

彼の責めはキツく、私は何度も達しては引き戻された。ペニスは硬く、驚くほど反り返って暴力的な大きさに変貌している。

「あっ……またイッちゃう」

「お、俺も、もう」

このとき、記憶も定かでない何度目かの絶頂を私は迎え、彼もともに果てた。

この日を境に、私たちは二、三日に一度というハイペースで求め合い、欲望のままにセックスした。彼女がいる男の子に手を出させるということが、私の胸を背徳感で高鳴らせる。

何度、秘密のおう瀬を重ねても、彼はまだ足りないようだった。ホテルに到着するや否や、彼はいつもすぐ私に貪るようなキスの雨を降らせてくる。

「待って。シャワー、浴びよう」

「いやだ。待てない……」

ベッドまで数メートルだというのに、部屋の玄関で挿入までを行おうとする若さがまぶしかった。私はその若さに圧倒されながら、立っているのがやっと。夜勤明けでのおう瀬は特に激しかった。

「よくこんなオバチャンで飽きないね」

ある日、私は激しい愛撫のなか、ふと思いを口にした。すると彼は、とても意外そうな顔で動きを止め、思いもよらない言葉を返した。

「先輩は自分の魅力をわかってないです」

そう言われてしまうと、私はもうなにも言葉が出ず、顔が熱くなるだけ。自分がとてもウブな反応をしているのは、頭では理解していたが、私はうれしさでいっぱいだった。

「先輩っ……」

再度顔が近づき、また甘く貪るようなキスに酔いしれ、私は壁に押しつけられる格好になった。

「んっ、んんっ、んぅ」

舌をからめ合うと、ピチャ、クチュと、淫靡な音が頭の中までをジンと濡らす。

「……ん、ん……はぁ」

キスをしながら彼がベルトをはずす音がカチャカチャと聞こえる。

私は壁に押しつけられていた体をそのまま下に落とし、彼の下半身の露出を手伝った。彼のモノは下着から解放されると天を仰ぎ、先端からは透明なぬめりのある涙を流していた。

私はそれがいとおしくなり、そのまま口に含んで、先端の涙を舌でからめとる。

「せ、先輩」

鈴口が弱いのかと思いながら愛撫をくり返すと、彼は切羽つまった声を漏らす。

「し……んぅ……」

彼にいつもさんざんに責められていた私は内心うれしくなり、ここぞとばかりに先端をなぶりつづけた。

するると、彼は切羽つまった声で言った。

「お、俺っ、舐められたこと、な……」

どうやら、フェラ自体がはじめてだったようだ。私は彼女より先に「初」を奪えた優越感に浸った。

口内で硬さを増した肉茎は刺激に打ち震え、ぬめる涙と私の唾液が混ざり合い、いやらしい音を奏でる。

じゅっ、じゅぽっ、じゅぽっ……。

何度も何度も吸いあげてやり、だんだん余裕がなくなる彼の表情を楽しむ。

「せ、先輩……もう、出ちゃい……」

私は勢いよく昇りつめる彼の肉茎からぱっと口を放し、絶頂を制した。

「あっ……もっと……」

彼の懇願はとてもかわいく、いじめたいという衝動が私の中で渦を巻く。しばらく彼の先端を舌先でチロチロとくすぐり、わざと無言で次の言葉を待つ。

「先輩……しゃぶって……」

待っていたそのせつない声に、私はゾクゾクするような高揚感を覚え、ふたたび肉茎を口深く含んでやった。

「あっ、あっ、ああ……」

すっかり余裕がなくなった彼は、反り返る自身を咥えられている様子を見つめている。私は頃合いをみて立ちあがり、手をつないで彼をベッドにいざなった。

「もう、挿《い》れていい?」

「挿れたら、すぐに出ちゃうでしょ」

私は自分でも驚くほど彼のせつない顔に興奮し、ベッドに横たわる彼の肉茎をさらに口でなぶりつづけた。

じゅぽっ、じゅぽっ、じゅっ……。

私の唾液と彼のぬめる涙が潤滑油だ。部屋はその淫らな音で、どんどん淫靡な様相に変わり、荒さを増していく彼の息が室内にあふれた。

「あっ、あっ、あっ、あっ、ああっ」

私は声を抑えられない彼の反応がうれしくなり、もっと気持ちよくさせてあげたいと思った。何度も根元まで咥えては、口内で押しつぶすように舌をまつわりつかせる。

じゅるっ、じゅぽっ、じゅぷっ……。

昇りつめそうになるまで何度も彼を高めては、ぱっと止める。私はいつも責められる側だったが、このときばかりは彼の余裕がなくなる姿に興奮しきっていた。

「せ、先輩……俺、もう無理……」

彼は突然勢いよく上半身を起こすと、私のブラウスのボタンをぎこちなくはずしていく。

「ゆっくりね……」

言葉に反応し、彼の手は少し遅くはなったが、もう辛抱たまらずという状態であるのは明らかだ。ブラウス、スカートを少し乱暴に脱がし、私は下着姿にさせられた。

そのまま私に覆いかぶさると、彼は舌をからめながら、とうとうブラをはずした。

「先輩っ」

彼の手が私の胸を激しく揉み、乳首を吸いあげ、転がすように舐めまわす。

「あっ、そんな急に吸わないで」

乳首を吸われると、ビリビリと脳髄に響くような、甘美な刺激が私を襲う。

「いやっ……」

彼の舌が、右の乳首を執拗に吸いあげてはレロレロとはいまわる。

「ああ、あん、ああ……」

これまで味わったことがないような刺激に、私は体全体で興奮を感じていた。

「んっ……ああ……」

処女でもないのに体がガクガクと打ち震え、昇りつめそうになる。左の乳首を彼の指先が捉え、押しつぶすようにこねられると私はもうそれだけでイキそうになった。

彼の右手が私の最後のとりでをスルリと脱がすと、愛液が糸を引いた。

「先輩、いやらしいね……」

まさか自分でもこんなに濡れているとは思わなかったほど愛液があふれていた。

彼はうっとりとした表情で私の愛液を舌先ですくっては舐め、すすっている。

そして彼は手ぎわよく私に背を向かせると、バックから一気に突きあげた。

「ぁあああああああっ」

脳まで貫かれたかのような刺激に、私は絶叫にも似た声をあげ、ひと突きでイッてしまった。体がビクビクとけいれんし、私は頭を落とし、腕から力が抜け、お尻を突き出すような姿勢になる。

「もう、イッちゃったの？」

彼は驚いた顔をしたが、私自身もこんなに早くイッたのは生まれてはじめてで、びっくりしていた。

しかし、まだアソコはしっかりと彼を咥えこんだままだ。そこからは頭がまっ白になったまま何度も突かれ、これでもかという報復が私を待っていた。

「さっきのお返しだよ……気持ちいい？」

攻守交代をした彼が、いやらしい声で私の耳もとにささやく。私はうまく返事ができず、ただただあえぐことしかできないまま何度も絶頂を迎えた。

浮いては落ち、落ちては浮く。彼は何度も深々と貫いてくる。

「あっ、あっ、あっ、あっ、もうだめぇ……」

私はシーツの海をひたすら握りしめるしかできなかった。


この日以来、彼はフェラを求めてくるようになり、すがるような手で私の頬を両手でそっと包む。

私たちは乱れた背徳のセックスを追い求めていき、それはとうとう夜勤の休憩でも行われるようになっていった。休憩時間に交代が来ると、私たちはいそいそと寝るフリをして、ふたり部屋の空き室で彼を口に含む。

声を出さぬよう、彼はしっかりと口を手で覆い、私はいじわるく、彼に見えるようにフェラをする。

裏スジからカリを伝い、濡れた唇と舌で音を立てぬようにぬらりと舐めていくと彼の体が震える。顔をまっ赤にした彼のせつなそうな瞳が私の動きを追っている。

私は興奮させてやるのが大好きになった。こうして彼がヌキに行くことはなくなり、休憩時間に口淫してヌイてやることで、彼は一度果てる。

さすがに職場では挿入ができないぶん、私は我慢する時間が増えたが、それもまたどこか楽しかった。

夜勤が明けると私たちはたまらなくなり、急ぐように別々の道を通ってホテルに向かう。並んでホテルに向かえばすぐにバレてしまうし、どこでほかの職員たちに出くわすかわかったものではない。

ホテルに着くと、夜勤でしっかりとなぶってやった彼の肉茎は興奮でぬめる涙を滴らせ、私を求める。私たちはまた、いやらしいキスを深く味わいながら、お互いの興奮を確かめ合うように抱き合う。

「んっ……んぅぅ」

私は苦しくなるほど強く口づけされ、貪欲に舌をからめられると、彼の両手が私の頬をスルリとなでる。

これは合図だ。

彼のおねだりは日を追うごとに上手になり、頬を両手でなぞれば、舐めてもらえると覚えたらしい。

私は私で、彼女では与えることができないであろう刺激を彼に教えるのが本当に楽しくて仕方がない。

私は職場では出せなかった音をわざと大きくし、彼の肉茎を激しく吸いあげる。

「あっ、あっ、気持ちいい……」

彼のせつなそうな声や瞳が私は大好きだった。

「先輩……もう、しよ？」

「だーめ。まだお預けだよ」

彼を制すると、手が私の胸に伸び、ゆっくりと揉みしだく。

「あっ、んん……」

乳首を摘まれ、くりくりとこねられると私もたまらなくなり、我慢できずに声が洩れた。そして乳首を摘まれたまま、私は彼の肉茎をひたすら音を立てて吸いあげる。

じゅぷっ、じゅぽっ……。

部屋に湿った淫らな音が鳴り響き、彼の瞳が興奮で揺れる。

もうたまらないようで、彼が乳首を強く摘んでくる。

「あっ、いやぁ……」

私は思わず声をあげ、肉茎から口が離れた。

「もう、挿れたい……」

彼の懇願する瞳に負け、私も興奮しきり。ゴムをつける時間さえ煩わしいような気分になった。

「いいよ……おいで」

彼は職場で一度抜いているからか、いつもここから余裕の表情を見せる。今、このときからは、彼の報復の時間なのだ。まずはゆっくりと亀頭で私の女唇をなぞり、クリトリスに擦りつけながら低くささやく。

「……どう。気持ちいい？」

私も興奮しているから、クリトリスに少しでも触れられると歓喜の声が洩れる。

「ああ……そこ、だめっ……」

「だめじゃないでしょ。ここをどうしてほしいの」

責められていたときの揺らめいた瞳の色が変わり、今度は燃えるような瞳で私を射貫いてくる。

「お、お願い。もう……」

「もう、なに？」

さっきまでの私のまねをするかのように、彼は私を問いただし、正面から抱き寄せて私の言葉を待つ。

「もう、挿れてっ」

「先輩、やっぱエッチだなぁ……」

彼はクスリと笑うと、ゆっくりと私の女唇に肉茎の先をあてがい、そのまま一気に深く私を貫いた。

「ぁあああああああっ」

私は悲鳴にも似た声をあげ、暴力的な硬さのモノを突き挿れられたまま、彼の肩にしがみつく。

「あっ、あっ、あっ、あっ」

私はもう、あえぐことしかできなかった。何度もイキそうになっては、今度は彼に制され、いつの間にか涙が頬を伝う。

「んっ、ぃやあっ、あっ、あんっ」

「先輩、本当に気持ちよさそう……」

彼の言葉どおり、私は天と地がわからなくなるほど感じていた。

「も、もう、イッちゃうっ」

私は仰け反り、ビクンと体が跳ねた。正常位だった体勢は、私の何度目かの絶頂のうちに変えられ、いつの間にかバックで奥まで突かれていた。

貫かれるたびに、自分の体ではないような、尋常ではないオーガズムを迎える。時間の感覚がわからなくなり、何度果てたのかも、もう私にはわからなかった。

こんなことをくり返しているうちに、気づけば一カ月がたとうとしていた。

派遣社員の私には時間のリミットがある。同じところで働く期間の最大期限は、今回の職場では六カ月と決められていた。

あと一カ月で、私は彼と夜勤を楽しむことはできなくなるだけでなく、この職場から離れなければならない。

彼にはまだ、この事実を伝えていなかった。言ったほうがいいのか、知らぬまま消えたほうがいいのか、何度も頭をかかえながら考え抜いた。

ある日の夜勤中、いつものように彼に頬をなでられ、口淫が終わると、彼は私に手紙をさし出した。封筒には「先輩へ」とだけ書かれている。

「……これ、今読むの？」

彼にたずねると小声で、ホテルに行ったあとで読んでほしいという。

私は手紙の中身が気になって仕方がないまま、夜勤の休憩を終え、仕事を再開。彼も、なにもなかったようにサクサクと仕事をこなしている。

そして夜勤を終えた。いつもと同じように、別々の道でホテルに向かったが、私は手紙の内容が気になり、途中で歩を止めた。

封を開けると三枚つづりの便箋が出てきた。その内容は私が辞めることを知っているもので、彼の悲しみと、私をいとおしく感じているということがつづられていた。彼女とは少し疎遠になってしまったという現実も書いてあり、さすがに私もこれはマズイと感じた。ホテルに着くと、彼はすでに到着していた。

「読んじゃったんですね……」

私の顔色でわかったらしく、彼はうなだれながら話しかけてくる。

「ごめんね。どうしても中身が気になっちゃって……」

私は彼に自分の考えを伝えるため、ベッドに一緒に座って話しはじめた。

「やっぱりさ、川田君には彼女を大事にしてほしいと思うんだよね」

「僕は先輩についていきたいです」

どんよりとした口調かつ甘えるような声音で私に言う。

「川田君にとって、彼女ってどんな存在？」

彼は少しの間考えてから口を開いた。

「大事にしてた人かな……」

「今は大事にしてないよね」

私は自分を棚にあげ、説教するような調子で言葉を紡いだ。

「やっぱり、そうですよね」

なんとなく、そう言われる予感がしていたという。

話し合い、今日この日が私たちのお別れの日にすることにした。最後は名残惜しむようにキスを貪り合い、最後の最後までセックスを楽しんだ。

最後に彼に会ったのは退職の花束を渡されたとき。どんな気持ちだったのか、彼は泣いていた。職場の人たちも泣きながら私を送り出してくれ、私も複雑な気持ちで泣いて職場をあとにした。せつなそうな彼の瞳が、今も忘れられないままでいる。

# ふたたびの性愛

無職(大阪府・七十八歳・男性)

昭和三十年、私は中学を卒業した。家庭が貧しいので、十五歳から働いた。楽しみは映画鑑賞、その時代の娯楽の王者だった。

私はひとりで大阪ミナミの映画館に入った。館内は盛況で立ち見席まで大入り満員だった。背伸びしながら画面を見つめていた。しばらくすると尻のあたりに異変を感じた。なにかがあたっている感触だった。

私の手を後ろにいる男に取られた。そしてなにかを握らされた。それが男のシンボルであるのはすぐわかった。妙に熱く硬かった。私はその手から逃れなかった。じいっと握っていると今度は私のズボンのチャックをあけられた。そして、私のチンポをつかんだ。ほかの観客は誰も気がついていない。チンポを揉まれた。気持ちがよくてじいっとしていた。

しばらくすると映画が終わってやっと放してくれた。まわりに気づかれないようにチンポをしまいこんだ。後ろにいた男が耳もとでささやいた。

「出ようか」

私は男につづいて映画館を出た。男は五十歳前後中年の男だった。頭がはげていて目が細い、いかにもスケベそうなおっさんだった。

「すまん。てんごして悪かったな。おわびにコーヒーおごるわ」

喫茶店に一緒に入った。当時流行っていた、ザ・ピーナッツの「可愛い花」が流れていた。

「あんた、まだ童貞やな。女とオメコしたいやろ、ははは」

図星を指された。私はセックスしたくて毎日のようにセンズリをかいていたのだ。

「ちょっと年上やけど、あんたさえよかったら世話してやろか。あんたみたいなかわいい坊やとしたがっている女がいるんや。俺はやくざと違うから安心せえよ。ちょっとスケベな男やけどな」

話がまとまり、家がすぐ近くだという男のあとを私は黙ってついていった。ミナミのはずれの五軒長屋のひとつが彼の自宅だった。家の中に入るとシミーズ一枚の中年の女が現れた。彼の奥さんのようだった。

「植村と申します」

「いやぁ、男前やね。いらっしゃい」

「晩飯おごると約束したんや」

「そう。そんならええ肉、買うてくるわ」

奥さんは外出した。六畳と四畳半の和室に三畳程度の居間があった。

「そう。じつはな、ウチのやつがアレの好きもんなんや。それでな、イッペン若い男の筆おろしをしたいと言うのや。それで俺が若い男を探してたんや。あんな女でよかったら、あいつとオメコしても俺、怒らへんから」

信じられなかった。自分の妻をほかの男とセックスさせて平気なのか。私はあぜんとした。

夕食はすき焼きをごちそうになった。夫婦で酒を飲み、私も飲まされた。いつのまにか奥さんの姿が消えていた。

「そんなら俺はちょっと出かけるさかい、嫁はんは寝室で待ってるさかいな。ちゃんと教えてもらえよ」

と言って、出ていった。

「童貞やて、ホンマ？　私でもいい？　ボク、はよここへおいで」

私は布団の中で仰臥している奥さんの横に滑りこんだ。

「女の裸、見たことある？」

首を振る。

「見たい？　恥ずかしいけど見せたげる。見て」

奥さんは着ていた寝巻を脱ぎ捨てた。全裸だった。豊満な肉体をしていた。乳房も大きい。乳首も大きかった。陰毛が黒々と生えている。すごい。大人の女のオメコはこんなんか。じつにみだらにうごめいてアワビのようだと思った。

「あぁ、私、恥ずかしいトコ見られるのが好きなんよ。見られていると思ったら、興奮してくんの」

股をひろげた。

「ねぇ、指でワレメをひろげて奥まで見て」

言われるままにワレメをひろげてのぞきこんだ。

「ねぇ、私のソコどんなん、きれい？　きれいと言って、言ってよぉ」

「きれい、きれいや」

と言ってやった。

「おっぱい、揉んで」

乳房を強く握りしめる。

「痛い。もっと、やさしく揉んで」

思い直してやさしく揉んだ。

「いいわ。上手よ。乳首も弄って」

片方の乳房を揉み、片方の乳房は乳首を弄った。奥さんは私のマラをつかんだ。

「私にも見せて」

体を起こして見入った。

「ふふふ、硬くてかわいい。まだ皮をかぶってるのね。私が剝いてあげる」

亀頭の皮を剝かれた。

「したい、したいの？」

「したい、したいです。辛抱できひん」

私は奥さんの裸体に覆いかぶさった。チンポをオメコに入れようとするが、なかなか入らない。

「ソコじゃないの。もっと下。ココよ」

奥さんがチ○ポを握って穴にあてがうと、私の腰を引き寄せた。ずぼっと入った。

「ああ、硬くていい。コチンコチンよ。腰を上下に揺すって」

言われたとおり抜き差しした。得もいわれぬ心地よさに襲われた。奥さんは両足を私の腰にからみつけ、下から腰を使ってきた。

「気持ちいい？　私のオメコいい？」

「いい。奥さんのオメコ、ええ」

ふと横を見ると、いつのまに帰ってきたのか、あのおやじが部屋の片隅で私と奥さんの性交を見ていた。自分でおのがペニスをしごいていた。

そして近寄ってくると、結合個所をのぞきこんだ。

「幸子《さちこ》、ええか。気持ちええか」

「いいの。コチンコチンで硬くていいの」

奥さんが応じる。たまらなくなって私は精液をゾクゾクと奥さんのオメコに注ぎこんだ。

「どう。よかった？」

「すごくよかった」

世の中でこんな気持ちのいいことがあるとは思えなかった。

奥さんが私のマラを握りながら、濡れタオルで拭いてくれた。

奥さん、いや、大阪らしくおばちゃんと呼ぶことにする。おばちゃんは私のチ〇ポに見入りながら握っている。

「うわぁ、すごい。また、勃《た》ってきた」

おばちゃんはうれしそうに叫んだ。

「はじめてやからしたいんや。させてやれよ」

おっちゃんがおばちゃんに言った。

「また、したいの？」

私は黙ってうなずくだけだ。

「じゃ、触って。アソコ、触って」

陰部に手をさし入れると、じゅくじゅくに濡れていた。

「ここ、ここよ。オサネというの。このお豆みたいなところをやさしく触られると、女はとっても気持ちいいの」

ワレメをひろげてオサネを見せてくれた。

「ソコ、舐めて、吸って」

「舐めるんですか」

「そうよ。好きな男と女はお互いのチンチンとオソソを舐めたり吸ったりするのよ」

私はおばちゃんの股間に入り、ぺろっと舐めた。

「うふふ、もっとぉ」

教えられたサネをペロペログインと舐める。割れ目も剝いて穴の奥まで舌をさし入れ、むちゃくちゃ貪るように舐めた。

酸っぱいような、妙な味がしたが、おばちゃんが気持ちよさそうな顔をしていたので舐めて舐めて舐めて舐めまわした。

「ウチにも舐めさせて」

おばちゃんは体位を逆さまに変えた。目の前に黒々と生えている陰毛。盛りあがった二枚の肉片……。

おばちゃんがチンポを口に咥えた。手でさおをしごきながら舐められると性交とは違った快感に私はうめいた。

「辛抱できひん」

と訴えた。するとおばちゃんは私の体にまたがって、チンポをつかんでオメコにあてがい、腰をおろすとすぽっと入った。おばちゃんは上になって髪を振り乱し、腰を上下に揺すりつづけた。

「ねえ、ウチのオメコ気持ちいい?」

「気持ちいいよぉ、おばちゃん……」

「あんた、見て。入ってるトコを見て」

と、おっちゃんに訴える。おっちゃんは結合部分ににじり寄る。

「おぉ、よう見える。入ってるのがよく見えるぞ、幸子」

ほかの男と性交させるおっちゃんと、夫のおっちゃんの前で私と性交するおばちゃん。やはり変態夫婦だと思った。

おばちゃんの腰遣いは絶妙だった。きゅっきゅっとオメコがチンポを締めつける。たまらず轟沈した。

「うふふ、よかった？　気持ちよかった？　ウチもあなたのことは忘れないわ。童貞の子としたのは、はじめてやもん。したかったら、またおいで。いつでもさせてあげるから……」

「そうや。したかったら、来たらええ。嫁も責任感じてるみたいやし、俺もこいつがほかの男とオメコしてるのを見たかったんや」

次の日曜日、いささか照れくさかったが、私はふたたびあの夫婦の家を訪ねた。

「あっ、来てくれたん。うれしいわ」

奥さんが満面の笑みで迎えてくれた。

「よう来たな。今夜は嫁はんにサービスさせてやるから」

おっちゃんにもそう言われ、赤面した。

「おばちゃんと呼ぶのはやめてね。私とあんたは他人じゃないんやから。幸子というの。さっちゃんと呼んで」

「わしは田中《たなか》や」

ここではじめて夫婦の名前を知った。夕食をごちそうになった。仲のいい夫婦だ。それなのに自分の妻を平気でほかの男に抱かせる田中さんの神経が理解できない。また、奥さんも年の頃は四十前後と思われたが、夫の目の前で私とセックスしているのを見せるというのは……。

だが、そんなことはどうでもよかった。私はセックスに飢えていた。

「今日はふたりでおまえをいじめてやるぞ。前から一度したいと言うてたやろ」

奥さんをまん中に、右に田中さん、左に私が寄り添う。ふたつの乳房をひとつずつ分け合い、揉みしだく。乳首も弄る。

「ああ、同時にふたりにされるなんて」

奥さんがうれしそうにあえぐ。ひとつしかないオメコを触るのは競争になったが、田中さんは先に私に譲ってくれたので触りまくる。

「舐めて、オメコ、舐めて」

奥さんが叫ぶ。これも私が先にかぶりつくように舐めた。田中さんはその様子を見ながら乳房を揉んでいた。

「交代や」

今度は田中さんが奥さんのオメコをぺろぺろ舐めた。私がおっぱいを揉んでいると奥さんがチンポを握ってきた。そして、私のチ○ポを口に咥えた。性器は夫の田中さんに舐められながら、私のマラを吸ったり舐めたりする。

「このドスケベ」

田中さんはそう奥さんを罵る。

「ああ、もう辛抱できひん。入れて。入れてよぉ」

奥さんが泣くように訴える。

「オメコしてほしいんか。オメコしてと言えよ。言え」

「ああ、オメコしたいの。誰でもいいから早く入れて。お願い」

「おい、入れてやれ」

命令するように言われ、私はオメコに挿入した。

「ああ、いい。硬い。すごく硬い！」

私の抜き差しは急ピッチだった。奥さんのオメコがチンポをきゅっきゅっと締めつけ、たまらず爆発した。すると、すぐに田中さんが挿入した。

「あんた、おっきい。おっきいわ」

夫婦の息の合った性交は長かった。

「オメコするの好きか。好きやろ」

「好き。オメコされるの大好き。あぁ、オ〇コがいい。いく、いく、いくぅ」

奥さんは死んだように動かなかった。

「前から一度こんなことをしたかったんや」

田中さんは笑みを浮かべた。私は二度目のセックスで3Pというのを体験した。

しかし、それ以降は田中さん夫婦の家を訪ねるのはやめた。彼女ができたからだ。

まだ十九歳の清楚な容貌をしていて、体もスレンダーというより痩せていた。

名前は洋子《ようこ》といった。母親と妹ふたりの四人暮らしだった。家族が不在の日、洋子の家の遊びに行った。ふたりとも欲情していた。

私はキスを迫り、乳房を揉んだ。洋子も荒い息遣いだった。パンティーの中に手をさし入れた。さらっとする陰毛の感触でさらに興奮した。オメコを撫ぜるように触った。割れ目のあたりを探ると洋子の性器はじゅくじゅくに濡れていた。

それでも最後までいかず、ペッティング止まりだった。毎回そのくり返しだった。

「もう、我慢できひん」

カネのなかったふたりは、洋子の時計を質屋に預けて連れこみ旅館に入った。部屋に入るなり私は洋子の衣服を脱がし、震える手でズロースを引き抜いた。

陰毛は薄くそそと縦長で、乳房はあの田中さんの奥さんのような豊満ではなく、貧弱だった。それでも私は興奮した。

「私のアソコ、見て」

洋子は奔放だった。自ら両足をひろげ性器をまる見えにした。

「ね、私のソコどんなん、きれい？　きれいと言ってよ」

縦に切れている割れ目。二枚の肉ビラは少し厚めのように見えた。割れ目を指で開くとまだ使いこんでいない膣穴はピンク色だった。

「き、きれいや。きれいや」

どもりながら返答すると、洋子はうれしそうに笑った。

「ソコ、舐めて」

なにもかも洋子のペースだった。私は洋子の性器にかぶりついた。テクニックなんてなにもなかった。舐めて舐めて舐めまくった。もう、辛抱できなかった。

挿入しようとしたが、膣穴の場所がわからず、なかなか入らない。すると、洋子の手が伸びて、チ○ポをつかむと膣穴にあてがい、私の腰を引き寄せるとずぼっと入った。

洋子は抱きついてきた。足も腰にからませてきた。無我夢中で腰を使った。あの奥さんにしこまれた技が生きていた。

「して、いっぱいして」

これが十九歳の少女とは思えぬ乱れっぷりだ。

「気持ちええわ。すごくいい」

そう言って、洋子が膣穴を締めつけた瞬間、天国に昇るような気持ちよさが押し寄せ、あっという間に精液を放射した。

「私ね、はじめてではなかったの。十八のとき会社の上司に誘惑されて処女を奪われたの。それから何回もされたのよね。私のこと、嫌い？」

洋子が処女でなかったのは正直驚きだったが、私は洋子が好きだった。それに私も田中さん夫妻と淫らなセックスをした過去がある。

「結婚しよう」

「うん。私も大好き」

そして、私と洋子は結婚した。

とにかく貧乏だった。ともに母子家庭でまだ幼い弟妹がいた。結婚式も挙げられず結納もない。新婚旅行に行くカネもなかった。四畳半一間の古いアパートが新居だった。

洋子はいっさい不満を言わなかった。共働きで、家計に貢献して家事いっさいをこなしても、不平を言ったことはなかった。唯一の楽しみはセックスだった。清楚な容貌からは想像もできないほどのセックス好きだった。

毎日のようにセックスした。妻が生理のときでも、強く求めると拒否することもなく応じてくれた。子供が次々と生まれ、妻は育児と仕事、それに家事に追われたが明るかった。

洋子が三十をすぎる頃から、それまでありきたりのセックスばかりしていた私たちに変化が現れた。洋子がセックスのときに次々と色んな要求をしてきたのである。

最初は体位の変更で、それまで正常位一本だったが、後ろから入れてくれと要求してきた。奥まで入ると洋子は狂喜した。次にバナナかキュウリを入れてと言われたときはさすがに私も驚いた。

バナナとキュウリを洋子は用意していた。抜き差しすると、バナナはすぐに洋子のオメコ汁でひしゃげてしまった。キュウリはイボイボが少し痛いと言ったが、耐えていた。

「ほかの人としているみたい」

洋子はそれでも興奮していた。さらにエスカレートする。洋子は全裸の自分をひもで縛って、

「犯すように性交してほしい」

と要求してきたのである。要求どおり、私は洋子の乳房のあたりをぐるぐる巻きにして、両足をそれぞれ縛って足を大きくひろげさせた。その肢体を見ていると私も興奮した。

犯すように愛撫もなしでいきなり挿入すると、

「むちゃくちゃにいじめてぇ」

とあえぐ。そしてさらに、私が仰天するようなセックス話を口にした。

「私ね、一度、ほかの人としてみたい。それとしているところをパパに見せてやりたい。輪姦もされてみたい」

どこまで本気で冗談なのか、そんなことを口走り、私を困惑させた。

いったい、こんな性愛の情報や知恵を妻はどこで仕入れてきたのだろうと、疑問が

湧いた。私たちの性愛は通常のセックスでは飽き足りなくなりつつあった。

女性なら誰しも恥ずかしがる性器も、電灯の明るい中で見られることも好んだ。

「一度、ほかの男としているのを見せてほしい」

そう私が迫ると、

「見たいの？」

妻はとだけ言って、拒否しなかった。

妻も四十代に入っていた。スリムな体型だったが、年齢とともに豊満な肉体に変貌していた。乳房もふくらみを増した。膣の締まりは絶妙によく、私はひそかに、キンチャクボボとは妻の性器ではないかと思っていたほどだ。

私は腹をくくり、妻がほかの男と交える相手を部下に決めた。まだ童貞とうわささされていた、いっぷう変わった男だった。

妻の相手は、はっきりいって醜男だった。私が女を世話してやると誘った。その頃は鉄筋の府営住宅に住んでいて、夫婦の一室は確保されていた。子供たちが寝静まった夜の十時すぎにその男、森《もり》はやってきた。

妻は先に寝室に入っていた。私は森を寝室に押しこむと、

「好きにしてええぞ」

と森にささやいた。妻は寝息を立てて寝入っているように見えた。呆然と立ちつくす森に、私は布団をめくり、妻が着ていたパジャマのボタンをはずした。ぽろりと乳房が弾むように顔を出した。それを見て、森は衣服を脱ぎ、全裸になった。そして、妻がはいていたパジャマの下を引きずりおろした。

白い肌に黒々とした陰毛が茂っている場所に視線が集中していた。手が下に動いた。オメコの毛を撫ぜるように触っている。何度も何度もさすりつづけていた。

「あぁ」

そのとき、妻が小さくあえいだ。森はその声に一瞬、動きを止めた。

「アソコ、舐めて。お願い……」

森はそう懇願する妻の股間に顔を伏せた。猛烈な勢いで妻の性器をしゃぶった。

「ああ、いいわぁ」

妻のあえぎ声に勢いを得たのかさらに舐める。舐め、舐め倒していた。妻の手が森のチンポを求めていた。そして、握った。

「すごい、硬いわ。コチンコチンよ」

妖婦のような妻に、見ている私も唖然とする。

「入れて。早く入れて」

と、妻。

焦っていたのか、森が挿入しようとするがなかなか入らない。すると妻の手が伸びて、チンポをつかむと膣穴にあてがい、森の腰を引き寄せた。

私はその結合部分をのぞきこんだ。妻のオメコが森のチンポを咥えこんでいた。毛と毛が擦れ合い、淫水が垂れ流れていた。

妻が下から腰を使い出すと、森も連動するように抜き差しし出した。私は頭の中がまっ白になっていた。

「ううう－」

うなり声をあげて、森が妻の裸体に倒れ伏した。その森をいたわるように、妻は背中を撫ぜてやっていた。

ほかの男に抱かれた妻は、気のせいかより色っぽさを増していた。目が輝いていた。豊潤なオメコ汁があふれていた。私はスケベな妻に、さらに魅せられた。

私は結局、奥さんを私と性交させた田中さんと同じ行為をしていた。ある種の軽べつの念を田中夫妻に持っていたが、今になって、その気持ちが理解できるような気がした。

「セックスするの大好き」

と、妻ははっきり言い放った。

そんなセックス好きの妻をもったことは、生涯の私の幸せであり幸運であった。

五十代になり、妻はさらに豊満な肉体を維持し、セックスでは大胆奔放きわまりなかった。

私がふたたびほかの男とのセックスを求めると、妻はこう言った。

「私ね、今度はパパよりアレのおっきい人たちから輪姦されてみたい」

# サンスポ・性ノンフィクション大賞　体験手記募集

「性にまつわる生々しい体験を綴った未発表の手記」を募集します。

【応募期間】5月〜9月（若干の変更がある場合があります）
【応募原稿】四〇〇字詰原稿用紙に換算して25枚程度
【必要事項】題名・氏名・住所・電話番号・年齢・職業を明記してください（秘密は厳守します）。
【応 募 先】〒100-8698（住所不要）第2312号
サンケイスポーツ文化報道部「性ノンフィクション大賞」係
【選考委員】館淳一・睦月影郎・桑原茂一・サンケイスポーツ文化報道部長
【賞　　金】金賞100万円・銀賞20万円・銅賞5万円・特別賞3万円
また、入選手記はサンケイスポーツ紙上に掲載。
【主　　催】サンケイスポーツ　電話03-3275-8948

◉本書は、第20回サンスポ・性ノンフィクション大賞に入選し、サンケイスポーツ紙に掲載された手記を収録しています。文庫化にあたり、一部を改題しています（左記は収録順・旧題）。

「密室ラプソディー」（特別賞）　二〇一八年十二月二十四日〜三十日
「久留米、文化街の青春」（銅賞）　二〇一九年一月七日〜十三日
「普通の妻に戻れた夜」（特別賞）　二〇一九年一月二十八日〜二月三日
「村の女」（特別賞）　二〇一九年二月十八日〜二十四日
「飲み屋の女」（特別賞）　二〇一九年三月十八日〜二十四日
「白蛇を踊る女役者」（金賞）　二〇一九年四月一日〜七日
「アナニーに捧げた青春」（特別賞）　二〇一九年四月二十二日〜二十八日
「奥様泥棒」（特別賞）　二〇一九年五月十三日〜十九日
「覗き穴」（特別賞）　二〇一九年六月三日〜九日
「閉店後のサービスタイム」（銀賞）　二〇一九年七月一日〜七日
「母乳が飛んだ」（特別賞）　二〇一九年七月二十九日〜八月四日
「愛しの女総務課長」（銅賞）　二〇一九年九月二日〜八日
「濡れる夜勤」（特別賞）　二〇一九年九月三十日〜十月六日
「再びの性愛」（特別賞）　二〇一九年十月二十一日〜二十七日